四大空港＆ローカル空港の謎

思わず行ってみたくなる「全国の空港」大全

風来堂

イースト新書Q
Q068

はじめに　単なる「飛行機乗り場」にとどまらぬ空港の魅力

「空港」というと、成田国際空港や東京国際空港、関西国際空港、中部国際空港といった大型国際空港を思い浮かべる人が多いだろう。地方のローカル空港も含めると、日本には97もの空港が存在する。

ひとつひとつに大きな違いはないだろうと思われがちだが、それは誤りだ。たとえ1日に数便しか発着しないような地方の小さな一空港でも、そこにしかない個性が必ずある。空港を単なる「飛行機乗り場」として見ているだけでは、あまりにもったいない。

第1章では「空港の基本」と題し、その個性を知る前の大前提として、どの空港にも共通する基本的な設備やシステムを取り上げている。航空機は他の交通機関と比べて保安・安全面の基準が厳しく、空港の広い敷地のなかでも一般乗客が利用できるエリアは限られている。関係者以外、裏側を知る機会というのはほとんどなく、それゆえ空港のシステムには謎が多い。搭乗手続きがスムーズに進み、航空機が安全に離着陸することは当たり前のように思えるが、それは見えないところには数多くの機能や設備があり、それらを正確かつ安全に動かしている人々がいるから成り立っているのだ。
第2章以降では、いよいよ各空港の特徴を掘り下げてゆく。「第2章　四大空港の謎」でとりあげるのは、冒頭に述べた4つの大型国際空港だ。

華やかなイメージで航空ファンの間でも人気が高い空港も、全くの更地だったりただの海だったり、のどかな牧場だった時代がある。そこからいかに空港が建設されたのか。交通アクセスやターミナルはどのように発展してきたのか。デザインやエンタテイメントの側面からも、注目すべきポイントは多い。

本書の中で大半の紙幅を割いているのが、第3章以降で取り上げる、日本各地のローカル空港についてだ。他の空港に関する書籍や雑誌特集では、なかなか取り上げられないがゆえに「地味なのでは？」と思われがちだが、実態は真逆。

その場所に空港が生まれるまでの建設前史。地形や気候の制約と戦うための独自の対策。空港利用者を増やすためのサービスや店舗、おもてなしアイデア。小さな離島で、1日数便しか飛ばない空港もあれば、空の渋滞に悩まされる都市部の過密空港もある。空港にやってくる旅客に対して、ユニークでオリジナリティあふれるお出迎えをしてくれるサプライズな空港もある。ローカル空港には、四大空港に負けない〝知られざるオンリーワン〟が隠されているといっても過言ではない。

もちろん、空港の裏側を覗いたときに見えてくるのは、決して明るい側面だけではない。滑走路や管制塔、ターミナルビルなど、いくつもの施設が必要な空港を建設するにあたっては、広い敷地が必要になる。それゆえ土地の確保には、その地に暮らす人々が移住せざるをえなかったり、環境への悪影響が予測されたりすることもあった。この本では、そういった空港の「裏の歴史」についても触れている。

本書を手に取った方の中には、飛行機が好きで、撮影や見学のため空港を幾度となく訪れている人も多いだろう。轟音を立てて飛び立つジェット機も魅力的だが、その運航を支える空港もまた、航空ファンの心をくすぐる魅力にあふれている。

では、空港にはいったいどんな魅力があるのか？　その答えが、この1冊にたっぷり詰まっている。

風来堂《ふうらいどう》

四大空港&ローカル空港の謎●目次

第2章　四大空港の謎

第4章 ローカル空港――設備・運営の謎

第5章 ローカル空港――サービスの謎

第1章
空港の基本

「空港」と「飛行場」はどう違う？ その定義・基準と多様な種類

現在、政令で指定されている日本国内の空港の数は97。そして97の空港は、その管理者によって6つの種類に分けられる。4つの会社管理空港、19の国管理空港、5つの特定地方管理空港、54の地方管理空港、8つの共用空港、そして、7つのその他の空港。それぞれどういった違いがあるのかはP15以降で詳しく触れよう。本書で取り扱う「空港」は、以上の97港とする。

そもそも「空港」とは何を示すのか？　似たような言葉に「飛行場」があるが、飛行場は、航空機が離着陸できる施設の総称として一般的に認知されているが、明確な法的定義は存在しない。対して「空港」は、空港法で「公共の用に供する飛行場（共用空港を除く）」と定義されている。つまり、航空機が離着陸できる施設の中で、「公共の用途に使われるもの」が空港なのだ。訓練・チャーター飛行などに使われる民間飛行場や、自衛隊や米軍が使用する専用飛行場、ヘリポートといった施設は、日本では空港に属さない。

空港に必ずなくてはならないもの

空港には、「公共用飛行場」としての役割を果たすために必要な施設が設置されているが、必ずしもすべての設備が共通しているわけではない。

必須なものとしては、航空機が離着陸するための滑走路、安全のために滑走路を四角く囲った着陸帯、乗客の乗降・荷物の積み下ろしなどを行うエプロン、誘導路といった土木施設。これがなければ空港の最も根幹をなす航空機の離着陸ができないため、国土交通省の省令である航空法施行規則で厳格に基準が定められている。

特に、第75条では空港を陸上空港と水上空港に分類し、滑走路または着陸帯の長さに応じてA～Jまでの「着陸帯の等級」を規定している。さらに第79条では、この等級に応じて滑走路、誘導路、着陸帯の幅や長さ、最大勾配の基準までもが厳密に定められている。また、エプロンなどの強度、あるいは標識施設の規格といった項もある。

さらには、「上空」に関する規定も航空法に存在する。航空機の安全な離着陸のために、空港周辺には、物件の高さ制限が設けられている。これを「制限表面」といい、この高さを超えるものは、工事用クレーンの一時的な設置や、ドローンやアドバルーンの浮遊であっても認められない。

管制塔がない空港も！　規模に応じ設備は様々

土木施設のほか、航空機を管理する管制塔、管理庁舎といった建築施設も存在する。空港には必須と思われる管制塔がない、あるいはあっても航空管制が敷かれていない「無管制空港」というものもある。実は、世界に目を向けると、空港の大半はこのタイプ。そもそも、航空機の離着陸する回数が少ない空港であれば、管制官が常駐して交通整理をする理由に乏しい、というわけだ。

日本でも、航空管制官が配置されない代わりに、管制ではなく情報提供だけを行う航空管制運航情報官を置く「レディオ空港」（山口宇部空港、稚内空港等）や、遠隔地にある飛行援助センターから情報提供を受ける「リモート空港」（久米島空港、福江空港等）というものがある。

このほか、管制施設や通信施設といった無線施設、航空灯火施設や電源施設といった照明施設も存在するほか、旅客の取り扱いを行うターミナルビル、航空貨物施設、航空機格納庫、燃料給油施設といった施設もあるが、空港の規模、機能によってその有無や大小は様々だ。

空港を管理するのは誰なのか 法律上の複雑な区分とその特徴

前述の通り、空港は空港管理者（設置・管理を行う者）や、その機能によって、6種類に分けられる。空港管理者は空港用地や施設を所有し、空港サービスの内容や着陸料を決定できる、空港運営の中核となる事業主体だ。

会社管理空港とは、その名の通り、空港管理者が会社である空港のこと。成田国際空港（成田空港）、中部国際空港（セントレア）、関西国際空港、大阪国際空港（伊丹《いたみ》空港）の4つがこれにあたる。基本的に、それぞれの会社に関する法律に基づき運営され、政府が主に出資している。

例えば、成田空港であれば、「成田国際空港株式会社法」により設立された株式会社が管理・運営を行い、同法に基づき政府から無利子貸し付け、出資や債務保証を受けることができる、といった具合だ。その一方で、毎年度の事業計画や代表取締役の選定について、国土交通大臣から認可を受ける必要があるなど、株式会社といっても非常に公的な色が強い企業といえよう。

大きな違いは整備と維持管理の費用負担率

国管理空港は、東京国際空港（羽田空港）、新千歳空港、仙台空港、福岡空港といった、国が管理する19港。空港整備および維持管理にかかる費用負担には、国による補助率が定められている。

一例をあげると、羽田空港については、そのすべてを国が負担することになっている。それ以外の国管理空港は、整備事業に関しては国が3分の2、地方自治体が3分の1を負担し、維持管理費用は国が全額を負担する。

特定地方管理空港とは、国が設置し、地方自治体が管理する空港だ。これは旭川空港、帯広空港、秋田空港、山形空港、山口宇部空港の5港。これも他の種類との大きな違いは負担率で、整備・工事費用に関しては国が55％、地方自治体が45％を負担。維持管理費用については地方自治体が全額を負担する。

以上の会社管理空港、国管理空港、特定地方管理空港を、合わせて「拠点空港」という。法律上は、「国際航空輸送網又は国内航空輸送網の拠点となる空港」と定義され、比較的大規模かつ多くの路線が就航している。

地方管理空港は、その名の通り、地方自治体が管理する空港で、全国に54港ある。ほとんどはそれぞれ所在地の都道府県が管理しているが、市が管理者となっている空港がある。神戸空港の場合、神戸市が建設・設置を手がけて２００６（平成18）年に開港し、現在は運営を関西エアポート神戸株式会社が行っている。

第三セクター方式により建設・運営を効率化

では、このような事業主体による分類に従って、各業務を担当する事業者が分かれているのか、というと、必ずしもそうではない。各空港では、さらに施設別に細かい役割分担がなされている。例えば、共用空港以外では、管制などの航空保安業務や航空保安施設の整備については、たとえ地方や空港会社が管理している空港であっても、国が行うことになっている。

また、国・地方いずれの管理であっても、空港ターミナルビルなどの建設・運営に関しては、原則的に第三セクターに委ねることになっている。日本で初めてこの方式を採用したのは羽田空港。戦後復興で国の財政状況が逼迫《ひっぱく》する中、民間の事業主体として日本空港ビルデング株式会社を設立し、ターミナルビルの建設・運営を委ねることで、分業による効率化を図ったのだ。

着々と進む「空港民営化」は誰のため？　今後はどうなる？

2000年代に入り、日本では空港の整備がひと段落し、空港を取り巻く課題は建設・整備の問題から運営・経営の問題へとシフトしていった。国管理空港では空港別収支を計算すると、その大半が赤字という状態で、数少ない黒字空港の収益と税金で赤字を補填していた。地方管理空港も同様の赤字体質で、その補填に毎年巨額の税金が投入される、という悪循環が続いていた。

これが問題視され、空港の黒字転換を目指す議論の中で提案されたのが、すでに欧米では主流となっていた「空港民営化」だ。公共事業の民営化は、民間が持つノウハウを発揮すること、および事業者間の競争を刺激することで赤字圧縮が期待できるとされ、日本でも高速道路事業などですでに取り入れられていた。

空港の収入源は主に2つある。航空機が離着陸することによって航空会社から得られる着陸料と、テナント料といったターミナルビルの収入だ。従来、国や地方自治体の管理する空港では、着陸料を収入として得るのは国や自治体であり、料金の決定権も国や自治体

東北のみならず地方空港の民営化を牽引する仙台空港（写真：仙台国際空港）

にあった。一方、ターミナルビルの管轄は民間であり、テナント料などは民間の各ターミナルビル会社の収入となる。となると、「着陸料を値下げして航空機を呼び込み、客を増やしてターミナル収入を上げる」といった両者の一体的な経営は不可能。これが構造的な問題だった。

民間への運営権売却が切り札に

これを解決する手段として注目されたのが「コンセッション」方式による民営化だ。インフラ自体は国や自治体が所有し、運営権のみを民間に売却するという手法である。空港のコンセッションでは法律上の管理者は国や自治体のままとし、着陸料の決定といった滑走路の運営権を民間に与えることで、ターミナルビルなどと一体的に運営することが可能になる。航空系事業とターミナルビル事業の一元化、これが空港民営化の最大の特徴にしてメリットだ。

こうした考え方に基づき、近年、空港の民営化政策が本格的に始まった。仙台空港は国際空港での先駆けとして、2016（平成28）年に民営化。LCCの誘致による路線の充実化、利用客向けの新たなサービスの拡充といった試みが功を奏し、旅客数も路線数も着実に増加傾向にある。空港民営化の成功例として、各種メディアでも取り上げられることが多い。これを皮切りに、神戸空港、静岡空港、福岡空港などが相次いで民営化の方向へ舵を切ることとなった。

前例のない7港一括民営化が北海道でスタート

また、北海道の7港（新千歳、函館、旭川、帯広、釧路、女満別、稚内）も民営化に動き、北海道空港株式会社や三菱地所など17社が出資する北海道エアポート株式会社が、2019（令和元）年10月に国や自治体と実施契約を締結した。段階的に民営化が進められ、新千歳空港では2020（令和2）年6月に民間による滑走路などの運営が始まってい

稚内空港など北海道の離島を除く7港が2021年3月までに民営化予定

る。これだけの数の空港が一括で民営化されるというのは今までに例のないことだが、最大の課題は7空港の収益力の格差だ。民営化の段階で黒字経営なのは新千歳空港のみ。その収益を投資に回す計画も明らかにされている。ほかの6空港は、立地や観光地への足となる二次交通の乏しさなどから続く赤字脱却に挑むこととなった。

　ところが、民営化直後に思わぬ逆風にさらされてしまう。新型コロナウイルス感染症の流行だ。感染拡大に伴う外出や長距離移動の自粛の影響で空港利用者は激減し、当然、施設収入も比例して激減。北海道エアポートも5年間の中期計画を見直す方針を打ち出し、軌道修正を余儀なくされている。

自衛隊機と民間機が肩を並べる特殊な成り立ちの「共用空港」

自衛隊等が設置及び管理する空港を「共用空港」という。札幌飛行場（丘珠空港）、千歳飛行場（新千歳空港）、三沢飛行場（三沢空港）、百里飛行場（茨城空港）、小松飛行場（小松空港）、美保飛行場（米子空港）、岩国飛行場（岩国錦帯橋空港）、徳島飛行場（徳島空港）の8港がそれに該当する。いずれも、防衛省あるいは米軍が管理者となっている。千歳飛行場を除いて、これらの空港では自衛隊機や在日米軍の軍用機と、民間の航空機が滑走路を共有している。

そのほとんどは、もともと旧日本軍が建設した軍用飛行場であり、戦後、自衛隊や米軍の飛行場として利用されていたもの。そこに、民間の航空機が発着できるように諸設備や旅客ターミナルを新たに設置。自衛隊や米軍が管理する基地・飛行場の一部を民間が間借りする、という形がとられている。

同じ空港に自衛隊と民間が共存するので、それぞれの施設の管轄も分けられている。自衛隊基地や自衛隊機の駐機場といった施設は、当然、自衛隊の管轄。それに加えて管制業務も自衛隊が行うので、管制塔も自衛隊の管轄だ。また、滑走路は自衛隊用滑走路の隣に新しい民間用滑走路が敷設されている場合がほとんどだが、いずれも自衛隊が管理している。ただし、滑走路延長などの施設整備などにかかる費用は、目的に応じて自衛隊と国土交通省で負担することになっている。

民間用の誘導路、エプロンおよび空港事務所など、民間しか使わない部分は、国土交通省の管轄。民間機が着陸した場合の着陸料も国土交通省に支払われる。一方、旅客ターミナル、貨物ターミナル、駐車場などはほかの空港と同様に、民間または第三セクターの管理・運営。こういった複雑な分担になっているのだ。

境界の先はもはや別世界？　共用空港事情

民間機と自衛隊機が並んで発着するという事情から、空港施設や業務に面白い特徴がある空港も多い。茨城空港では以前、ターミナルビル2階の展望デッキからはガラス越しに滑走路が見えるようになっていたのだが、向かって左側は見えない偏光ガラス。展望デッキなのに特定の方向しか展望できない、という状態だった。これは、「見えない左側」に百里基地があり、戦闘機の格納庫などがあるための国防上の配慮ということだったようだ。

しかし、利用客の声もあり、取り替えられ、現在は透明なガラスが付けられている。

また、三沢飛行場（三沢空港）では在日米軍、航空自衛隊、民間の三者が共同で使用しており、「三沢空港」と呼ぶ場合は民間区のみを指す。飛行場の管理は米空軍が行っているため、滑走路前の誘導路には境界として電動ゲートが設けられている。全開には約5分かかるという。

北国の空港ならではの自衛隊員の仕事もある。降雪地域の空港では巨大な除雪車を配備し、除雪作業を行うのは一般的だが、前述の通り、滑走路の管理に関しては自衛隊の管轄。札幌飛行場の場合、滑走路と自衛隊駐機場、そしてその間をつなぐ誘導路の除雪作業は自衛隊員が行う。本格的な冬を前に除雪隊が編成され、24時間体制で除雪をする。

共用化のメリットは、すでにある程度空港に必要な機能を持っているため、整備のコストが低いこと。地方自治体の要請などにより進められることが多い。例えば、百里飛行場で共用化の動きが始まったきっかけは、小川町（現小美玉市）から1993（平成5）年に出された要望書だった。実は、現在も、東京都が多摩地区にある横田基地の共用化を推進している。増大を続ける航空需要は、近い将来には首都圏の空港処理能力を超過すると予測されており、横田基地の共用化によって、首都圏西部に空港を増やすという試みだ。

三沢空港では米軍基地との境界が全長106mのゲートで仕切られている
（写真：murara-555 ／ PIXTA）

停電時には手動で開閉も可能な高さ3mの電動ゲート

空港なのに時刻表が存在しない!?「定期便がない空港」の存在理由

空の玄関口としての役割を果たす空港。しかし、どの時刻表を見ても、そこへの便が存在しない空港がある。例えば、福井空港、新潟県の佐渡空港、長崎県の上五島《かみごとう》空港などがそうだ。これらは、ほかの空港とを結ぶ定期便のない空港として知られる。

定期便のない空港は全国に10港ほどあるが、その多くは、初めから定期便が就航しない空港として造られたわけではない。かつて定期便があったが、採算悪化などの理由によって撤退してしまった……という経緯がある。それはつまり、それだけ旅客が少ないということであり、定期便のない空港は過疎地に多いのだ。

例えば、沖縄県の離島・伊江島《いえじま》にある伊江島空港は、2018(平成30)年度の着陸回数がわずか15回。同じく、沖縄県の波照間《はてるま》空港も19回と、極端に利用頻度の低い空港も存在し、その存廃が議論になっている空港もある。

最も廃港に近いのは、日本最北の空港・礼文《れぶん》空港だろう。稚内空港との間に19人乗りコミューター機が運航していたが、ただでさえ秘境ともいえる離島の、市街地から23㎞ほど

緊急輸送に備えて一部の設備は保持されている礼文空港
（写真：efksu ／ PIXTA）

離れた場所ということもあって利用者は少なく、2003（平成15）年に定期便が廃止。それ以降、緊急輸送のみが行われる状態で、2009（平成21）年4月から供用を休止している。

しかし、普段の利用が少ないそのような空港でも、滑走路を維持することで災害など緊急時のライフラインとして利用できる、という考え方もある。特に、離島で交通手段が海路のみでは、それがストップしたときに完全に孤立してしまいかねない。

定期便がなくても独自路線で活躍中

とはいえ、すべてが廃港寸前の使われていない空港、というわけではない。一般的には、旅客輸送とは異なる用途で使用される航空機の拠点や定置場となっていることが多い。

例えば八尾空港は、航空写真を撮影する機体の拠点となっている。実際の地理情報で地図を作成するための空中写真の撮影・測量などには専用の航空機が使われており、朝日航空、アジア航測、共立航空撮影などがそうした航空測量を行っている。災害時は、拠点である定期便のない空港からいち早く飛び立ち、現地の情報を報道するための写真撮影等も行う。

日本ではそれほど数は多くないが、自家用機の定置場としても利用されている。定期便が存在する空港を定置場として利用しようとすると、非常にコストがかかるためだ。自家用機の所有者は個人であることが多いため、定期便が存在しない空港を定置場とすることで、駐機料や着陸料などを節約できるメリットがある。ちなみに航空大国アメリカでは自家用機の利用も活発なため、定期便のない空港が数多く存在する。

次代を担うパイロットは定期便ゼロ空港から生まれる

パイロットを養成するための操縦訓練場として利用されているケースもある。乗客を乗せた運航に乗務するには、事業用免許の取得と、総飛行時間200時間が必要であり、飛行学校では空港を拠点として訓練を行っている。熊本空港や能登空港など、定期便が存在する空港が拠点とされている場合もあるが、定期便のない空港を目的地として飛行訓練が行われている。

大阪の八尾空港の場合、昭和30年代には、日本エアシステムの前身である日東航空が、水陸両用機を使用して、白浜線を運航していた以外の定期便就航実績は存在しない。現在、同空港では、長さ１４９０ｍ×幅45ｍと長さ１２００ｍ×幅30ｍの滑走路を保有し、多くの固定翼機やヘリコプターが常駐している。

その大半が、自家用機や報道関係、遊覧飛行用などの機体の拠点としての使用である。ただし、空港が街中に位置することから、運用時間は8時から19時30分までに限られ、原則として、最大離陸重量５・７ｔを超える機体は使用することができないなど、日本国内のその他の空港と比較しても、厳しい制限が設けられている。

また、岡山県にある岡南《こうなん》飛行場は１９８８（昭和63）年以降は定期便が就航していないが、貸し切り輸送、遊覧飛行、自家用機の発着などに特化して供用されている。航空機の展示飛行、エアロバティックフライト、体験搭乗などを行う「岡南飛行場祭り」も毎年11月に開催され、県内外から多くの人を集めている。

八尾空港から飛び立つセスナ機。すぐそばに住宅が見える

定期便がないことは、メリットにもなり得る。それだけ空港周辺の空の交通量が少ないということであり、多種多様な用途に使いやすい。

とりわけ、グライダーの大規模な競技会や飛行場祭りなどの、1日中航空機が離着陸を繰り返すようなイベントは、定期便があるとなかなか難しいだろう。また、滑空場《かっくうじょう》（グライダーなどの発着場）と違い、管制官との連絡が必要となるが、そのことで安全性が高まる、というメリットもある。

旅客利用されていないと聞くと閉鎖的な印象を受けるが、その他の需要に応えることで、唯一無二の空港という立場を確立することもできるのだ。

「滑走路」と呼ばれるための設置方法や長さのルールとは？

航空機の離着陸に使用される滑走路は、長さや本数、方位、配置方法など、各空港の様々な条件を考慮したうえで建設されている。離着陸には向かい風が理想的なため、滑走路の向きはその場所の気象条件の傾向から決められることが多い。冬は北風、夏は南風が多くなる傾向にある日本では、東京国際空港（羽田空港）、成田国際空港（成田空港）、関西国際空港、中部国際空港（セントレア）の四大空港をはじめ、多くの空港で南北に伸びる滑走路が設置されている。日本一の旅客輸送数を誇る羽田空港では、4本の滑走路を保有しているが、その内訳は南北に伸びる2本と、東西に伸びる2本になっており、これによって離着陸の分離など効率化がかなっている。

滑走路の長さはどうやって決められている？

滑走路の長さは、空港によって異なる。これは、就航する航空機の区分によって必要な滑走路長が定められているためだ。国際基準としてはＩＣＡＯ（国際民間航空機関）によって滑走路長が定められており、800m未満、800m以上1200m未満、1200m以上1800m未満、1800m以上に区分されている。国内で最も多くの機体が運用されているボーイング737-800は、離着陸に1800m以上を必要とする。ゆえに国内の空港においては、一部離島空港や定期便の存在しない空港を除いて、大半の空港が1800m以上の滑走路を保有している。

成田空港、関西国際空港では、1800mを大きく上回る4000mの滑走路を保有しているが、これは欧米などへの超長距離路線が存在するためだ。長距離の飛行には大量の燃料を積む必要があるため、最大重量時でも問題なく離陸が行えるようにこの長さが設定されている。3000m以上の滑走路を保有していれば、理論上すべての航空機の離着陸が可能だが、その日の気象条件や滑走路の状態、機体の総重量などに応じて、必要な滑走路長は変化する。離着陸の条件を満たさない場合は、乗客数や搭載貨物量の調整が行われている。

大量輸送時代の到来に応じて滑走路を延伸

1970年、ジャンボジェットの愛称で知られるボーイング747が登場し、大量輸送時代が到来。日本でも同年にＪＡＬ（日本航空）のボーイング７４７が初就航すると、国内線で活用される機会が増加した。地方空港では、ボーイング７４７の乗り入れに対応すべく滑走路の延伸工事が行われ、主に羽田空港への路線を保有している空港において、２５００～３０００ｍへの延伸が行われた。

しかし、離島など限られた土地の中で空港を建設する際、その立地条件から長い滑走路を建設できないことも少なくない。この影響から、航空自衛隊の輸送機をベースとした、短い滑走距離で離着陸することのできるＳＴＯＬ機の開発なども検討された。だが、日本国内では大半の空港で１８００ｍ以上の滑走路を保有していることから、国内航空会社に馴染みのある１００席未満の小型機となるＳＡＡＢ３４０や、ボンバルディア社製ＤＨＣ－８－Ｑ４００、第二次世界大戦後唯一の国産旅客機であるＹＳ－11などの機体で十分に対応することが可能であったため、結果的に、旅客機としてのＳＴＯＬ機就航は実現しなかった。

旧石垣空港など、需要の増加に伴って滑走路の延伸を必要としながらも立地条件上、延伸が難しい場合は、新空港建設が選ばれるケースが国内では目立っている。これまでにも、石垣のほか、北九州、種子島などで滑走路延伸が必要となったが難しく、新空港建設が選択された例がある。

日々の運航を支える航空管制
管制塔の役割やデザインの実態

空港周辺にいる航空機は、空港内すべてを見渡すことができるよう高く建設された管制塔から、無線で送られる指示により制御されている。管制塔からは主に航空機の動きに対する指示が多く、離着陸の許可をはじめ、滑走路や駐機場までの経路の指示、整備のための移動など航空機の牽引許可などを行っている。

東京国際空港（羽田空港）などの大空港の場合、何人かの管制官がチームを組んで作業を分担している。主に出発経路の承認を行う「デリバリー」、地上の動きを管制する「グラウンド」、離着陸など滑走路周辺の管制を行う「タワー」、離陸後の動きを管制する「ディパーチャー」、そして、到着機を着陸態勢前まで誘導する「アプローチ」に分かれる。勤務は交代制で、24時間365日、休むことなく業務を行っている。便数の少ない地方空港などでは、デリバリーとグラウンドが統合されているケースもある。

管制塔で航空機へと指示を送る航空管制官は、航空機の運航に関して最も重要であり、責任のある職務。基本的に、航空管制には世界共通で英語が使用されており、日本国内の路線であっても英語による交信が行われる。航空管制は、1つの周波数内において複数機を管制するため、ほかの航空機との交信も聞くことができ、パイロットに関しても状況判断における材料となる。

近年では、外資系航空会社による日本乗り入れも増加してきたため、ネイティブな英語による管制官へのリクエストが行われることもあり、管制官はそれらも理解し、適切な指示を送る必要がある。緊急事態が発生した場合のみ母国語での交信が行われることもある。

強くて美しい空港のシンボル的存在

各空港に存在する管制塔の形や高さは実に様々だ。2010（平成22）年1月に供用を開始した羽田空港の新管制塔は、世界4位の115・7mの高さを誇っている。デザインも従来の管制塔から一新し、細長くスタイリッシュで近代的なデザインが採用されている。日本国内で羽田空港の次の高さを誇るのは、那覇空港の管制塔。第2滑走路の供用に伴って2020（令和2）年1月より新たに運用を開始しており、その高さは88mとなっている。

新しい空港ほどデザインが特徴的な管制塔が多い。中部国際空港の管制塔は、最上部の

羽田空港の新管制塔（右）と旧管制塔（左）（写真：芳岡 淳）

管制室の下部分が360度ガラス張りになっている。地上にいる機体も確認しやすいように、窓には角度がつけられている。

このように、一見、自由にデザイン設計されているようにも思えるが、航空管制上支障がないように、国際的に定められた規則が存在している。管制塔はたとえ地震や津波が来ても機能し続ける必要があり、高い強度も必要とされる。

空港上空にある目に見えない「境界」

多数の航空機が安全に飛行するために、空には目には見えない区分けがされている。これを空域という。航空管制を行う空域は細かく区分されているが、空港周辺では半径9㎞、

デザインが特徴的な中部国際空港の管制塔は高さ86.75m

高度900mの空域を管制圏としている。すべての航空機が空港の管制官と交信を行い、管制官によって出される飛行方法や離着陸の指示に従う必要がある。航空機が該当する空港の管制圏を通過する場合も、管制官から管制圏通過の許可をもらわなければならない。

旅客機では、管制圏以外でも常時航空管制による指示に従って航行するIFR（計器飛行方式）が一般的となっているが、自家用機などでは、離陸後に目視にて位置を判断しながら航行を行うVFR（有視界飛行方式）にて飛行を行う場合もある。VFRでの飛行においては、許可なく管制圏に進入することがないよう、パイロット側にも細心の注意が求められる。

安全運航を支える縁の下の力持ち空港設備のメンテナンス作業

空港が日々安全に機能するためには、あらゆる施設の徹底したメンテナンスが欠かせない。滑走路ひとつとっても、夜間帯に活用される灯火類、視界不良時の着陸に使用されるILS（計器着陸装置）など、様々な設備があり、これらが正常な運用を支えている。路面の管理も欠かせない。

滑走路上には、左右両端を示す滑走路灯とセンターラインを示す滑走路中心線灯を中心として、航空機の着陸の目安となる設置帯灯が存在する。滑走路周辺にも灯火類は数多く存在するが、着陸進入時に最終経路を示すための進入灯や、最終経路をより明確にする連鎖式閃光灯、機体が滑走路への進入に対して正常な角度と高さであるかどうかをパイロットに知らせるPAPI（進入角指示灯）など、その種類は実に様々だ。

灯火は航空機の誘導という重要な役割をもつため、あらゆる状況においてパイロットから確実に視認できなければならない。滑走路上の灯火は明るさを段階的に調整できるようになっており、常に雲が発生している高さや、気象条件、時間帯を考慮して的確に設定さ

隊列を組んでアスファルトをならし、舗装の仕上げを行う
（写真：国土交通省関東地方整備局東京空港整備事務所）

れている。

また、点灯チェックも頻繁に行われている。すべての灯火を点灯し、各空港に存在する航空局の車を利用して、離着陸の少ない時間帯に目視で確認。進入灯に関しては、歩いてひとつずつ確認するという。

荷重にも地震にも負けない滑走路の強度

何百ｔという重さのある航空機が、時速３００㎞以上の速度で離着陸を繰り返す滑走路は、幾層もの地盤の上にアスファルトの層を重ねて舗装することで、強度が高められている。舗装の改修は、通常10年程度のスパンで行われ、舗装上面をかさ上げすることで路上のひずみや沈下を補修する。

軟弱地盤に建つ東京国際空港（羽田空港）のC滑走路では、滑走路延伸に伴い耐震化のための地盤改良も行われている。その方法は、土壌そのものを固めるCPG工法、土壌の密度を高める固結工法の2通り。CPG工法では、流動性が低く、固まりやすいモルタルを地中に注入して周囲の地盤を圧縮強化。固結工法では地盤に含まれた水をゼリー状に固めて液状化を防止している。

大空港の地下を巡る給油パイプライン

航空機の運用に欠かせないもうひとつの設備が、給油だ。給油を行うための施設は各空港に存在しており、出発前に給油作業が行われている。

レフューラー方式と呼ばれるタンクローリー式の給油車を航空機に隣接させる方法が、国内線を中心としている空港で採用されている。一方、発着数も多く、多くの機体への給油を必要とする羽田空港や成田国際空港（成田空港）などの大空港で採用されているのが、ハイドラントシステムだ。空港の地下にパイプラインが張り巡らされており、空港敷地内に存在する巨大な航空燃料貯蓄タンクから航空機まで、燃料を圧送する。

ハイドラントシステムではサービサーと呼ばれる特殊車両経由で給油

いかなる危険もシャットアウト！
空の玄関口を守る鉄壁の危機管理

国内における移動のみならず、世界中から来日する人々が最初に訪れる空港。航空機の安全はもちろん、多くの人が集まる場所であることから、治安の維持は欠かせない。

そんな空港には警察官が常駐しており、各空港には交番が設置されている。特に、国際線が多く就航する東京国際空港（羽田空港）や成田国際空港（成田空港）などの大空港においては、警察署も存在し、24時間体制で安全管理を行っている。一般の交番に勤務する警察官と同じく、拾得物の管理や交通整理、駐車違反の摘発のほか、密輸入犯罪や密入国を阻止するべく、旅客ターミナルの制限区域外から保安検査場、保安検査場通過後のゲート周辺の制限区域まで、いたるところで巡回を行っている。国内外の要人が空港を利用する際には、空港周辺における検問や荷物検査も重要な任務だ。

羽田空港と成田空港には、空港に関わる警備に特化した部隊がある。成田空港は、空港建設時の反対派との闘争をきっかけに空港警備隊を日本で唯一配備。約１５００人の大人数で編成され、安全確保およびテロ警戒を行っている。また、実際に成田空港を発着する

長崎県の訓練センターでは実寸大模型で航空機火災の消火訓練を行う
(写真：国土交通省航空局空港保安防災教育訓練センター)

旅客便に同乗し、ハイジャックなどの犯罪に対処する武装警察官「スカイマーシャル」も、成田の空港警備隊が担当する。

羽田空港においてはテロ対処部隊が設置されているが、警察官の中でも選抜されたメンバーで編成されている。爆発物処理や人質救助など、各分野のスペシャリストが集まっており、警備に従事しながら、有事に備えて訓練を行っている。

3分で現場に駆けつける空港消防

空港は、日々、多くの航空機が行き交う場所。万が一に備えておかなければならないのが、航空機事故だ。各空港には空港消防隊が常駐し、航空機災害に特化した訓練により、専門の技能と知識を習得した隊員が配置されている。

ＩＣＡＯ（国際民間航空機関）により国際基準が定められており、空港の規模によって消防車の台数や消火剤の量などが細かく規定されている。実際に航空機火災が起きた場合、3分以内に現場に駆けつけるため、航空機が運航する時間帯は空港内で離着陸を監視。常時出動態勢がとられている。空港消防では空港用の化学消防車が用いられるが、この操作や事故対処においても高い専門性が求められる。

わずかな匂いも嗅ぎ逃さない麻薬探知犬

麻薬などの不正薬物の密輸入対策も、空港における重要な防犯業務のひとつだ。スーツケースやバッグに隠して持ち込まれようとするのを阻止する役割を担うのが、麻薬探知犬。空港のバゲージドロップを常に周回しており、優れた嗅覚を活かして薬物を見つけ出す。発見した際のご褒美は、パートナーであるハンドラー（税関職員）に遊んでもらうこと。検査のモチベーションが下がらないように、現場でも適宜、隠された薬物を嗅ぎ分ける訓練を行う。

ほかにも、空港では爆発物探知犬や銃器探知犬などが活躍中だ。

第2章
四大空港の謎

東京国際空港（羽田空港）

三人の立役者がつないだ空への夢
羽田の礎を築いた日本飛行学校

所在地
東京都大田区
開港年
1931年8月
ICAO・IATA
RJTT・HND
面積
15.22㎢
滑走路
3000m×60m
2500m×60m
3360m×60m
2500m×60m

１９３１（昭和６）年８月、日本初となる民間航空専用の「東京飛行場」が誕生した。のちの東京国際空港である。この地はもともと浅瀬の砂浜で、干潮時には広大な干潟となるため、飛行機の離陸前の滑走に適した条件を備えていた。そこに着目したのが、「日本のライト兄弟」といわれた玉井兄弟の兄・清太郎である。

１８９２（明治25）年、三重県四日市市で生まれた清太郎は、幼少の頃から独学で飛行機の研究に着手。飛行機を自作し続け、試運転を繰り返していた。１９１０（明治43）年には、弟の藤一郎（のちに照高と改名）に手伝ってもらい、母校である四日市市立浜田小学校の校庭で試作飛行機を組み立てた記録も残っている。

挑戦と失敗を繰り返した末に初飛行に成功したのは、１９１６（大正５）年10月５日のこと。小型飛行機に必要なエンジンは約１５０馬力とされるが、この頃の玉井式飛行機は

兄・玉井清太郎（右）と弟・藤一郎（左）（写真：大田区立郷土博物館）

25馬力。それでも、10分以上飛行したという。

この成功をきっかけに、清太郎は初飛行の地である羽田町鈴木新田（現・大田区羽田空港一丁目）に、雑誌『飛行界』の記者だった相《あい》羽《ば》有《たもつ》とともに翌年の1917（大正6）年に「日本飛行学校」を開校。これが、現在の羽田空港のもとになっているといえるだろう。

黎明期の苦労と羽田の地

日本飛行学校の飛行場は、六郷川（現・多摩川）河口の川崎側、通称「大師《だいし》河原《がわら》三本《さんぼん》葭《よし》」と呼ばれる砂地に整備され、教師と生徒は、対岸にあった校舎から渡し船で行き来していた。授業の内容としては、実技のほか、設計学や操縦術に関する講義が行われていた。

同校で教師を務めていた清太郎は、授業の合間をぬって、日夜、飛行機づくりに勤しんだ。そしてついに、揚力を得るための主翼を2枚備えた日本初、3人乗りのプロペラ機「玉井式3号機」を製作。しかし、1917（大正6）年5月、東京上空を飛行中に機体が空中分解し、墜落。同乗していた『東京日日新聞』の記者とともに命を落としている。さらに、同年10月に発生した台風により、同校は壊滅状態となり、開校からわずか1年足らずで閉鎖してしまった。

その後、清太郎の遺志を継いだのが弟の藤一郎だ。1918（大正7）年に新たに「羽田飛行機研究所」を立ち上げ、飛行家の養成に尽力することになる。その後、毎年の暴風雨と高潮による被害を考慮し、1921（大正10）年に羽田を引き払い、横浜市生麦《なまむぎ》の埋立地へと移転した。

一方、日本飛行学校の校長を務めていた相羽有は、同校閉鎖後に日本初の自動車学校を蒲田に開設。ここに「航空科」を設け、1923（大正12）年には、立川の陸軍飛行場にて日本飛行学校を再開させている。そして、1928（昭和3）年に民間航空会社である「東京航空輸送社」を同地に設立し、1931（昭和6）年の東京飛行場完成とともに羽田へ移転。清太郎と飛行学校を設立した年から、約10年後のことだった。

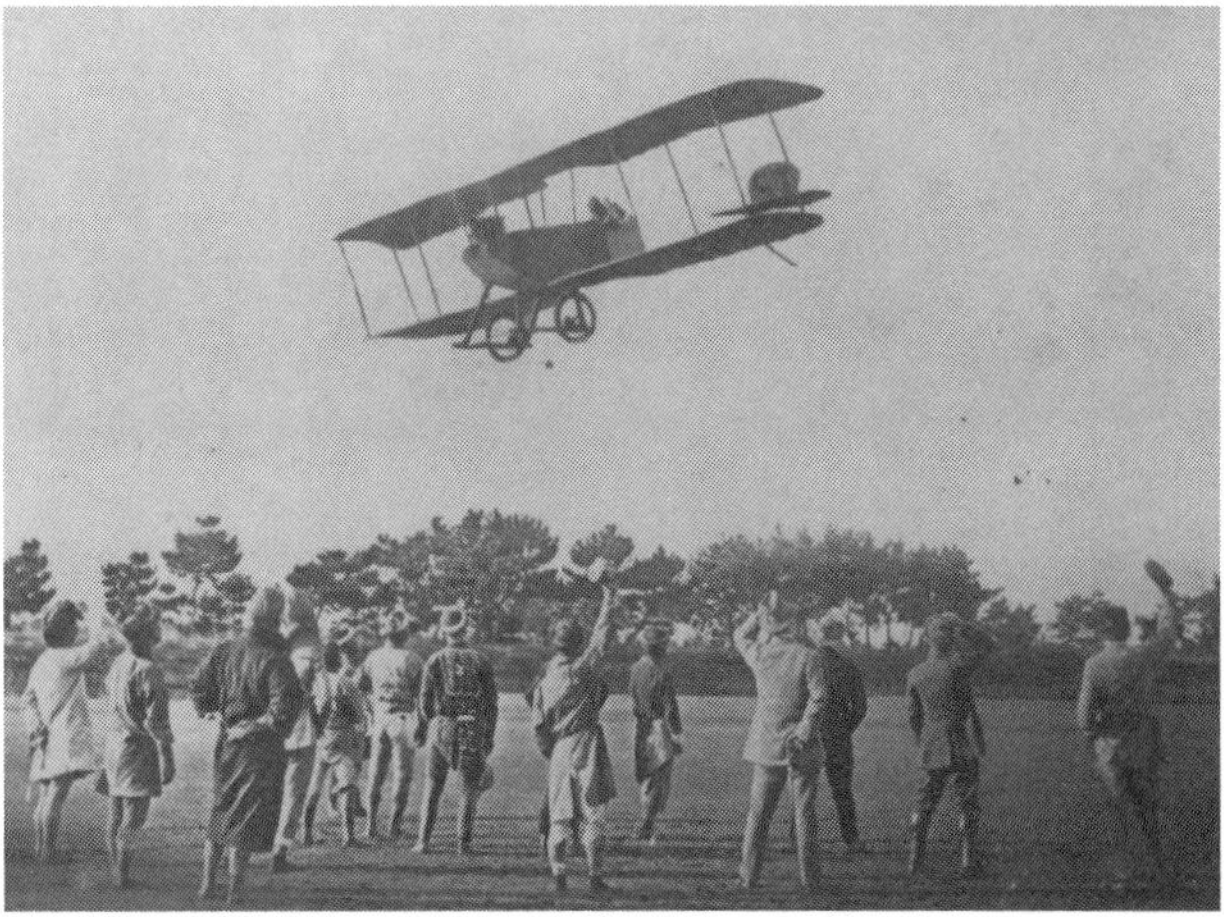

1916(大正5)年10月5日の玉井式2号機の初飛行(写真：大田区立郷土博物館)

日本飛行学校の格納庫(写真：大田区立郷土博物館)

東京国際空港（羽田空港）

太平洋戦争から東京五輪まで時代に呼応して飛躍を遂げた空港

敷地面積53万㎡に、長さ300m・幅15mの滑走路1本を設けて、1931（昭和6）年8月25日に開場した「東京飛行場」。羽田空港の歴史は、ここから始まる。

当時の離着陸はすべて手旗信号で行われていたため、場内には管制塔もなく、円形の待合室と格納庫が2棟のみ。記念すべき開港第1便は、中国・大連行きの6人乗り飛行機だった。ただし、乗っていたのは人間ではなく、6000匹もの鈴虫。異国に住む人々に日本の風情を届けようという試みだったとされている。

次第に定期便の路線と利用客が増えたため、1938（昭和13）年に最初の拡張工事を実施。その後、太平洋戦争が終結した1945（昭和20）年に、飛行場は進駐軍に接収され、通称「ハネダ・エアベース」となり、旧A・B滑走路や管制塔などが新設された。

この大規模な拡張工事の裏には、奇妙な逸話が残されている。進駐軍は、周辺の約1300世帯・3000人に強制退去を命じ、対象エリア内の穴守稲荷神社も撤去された

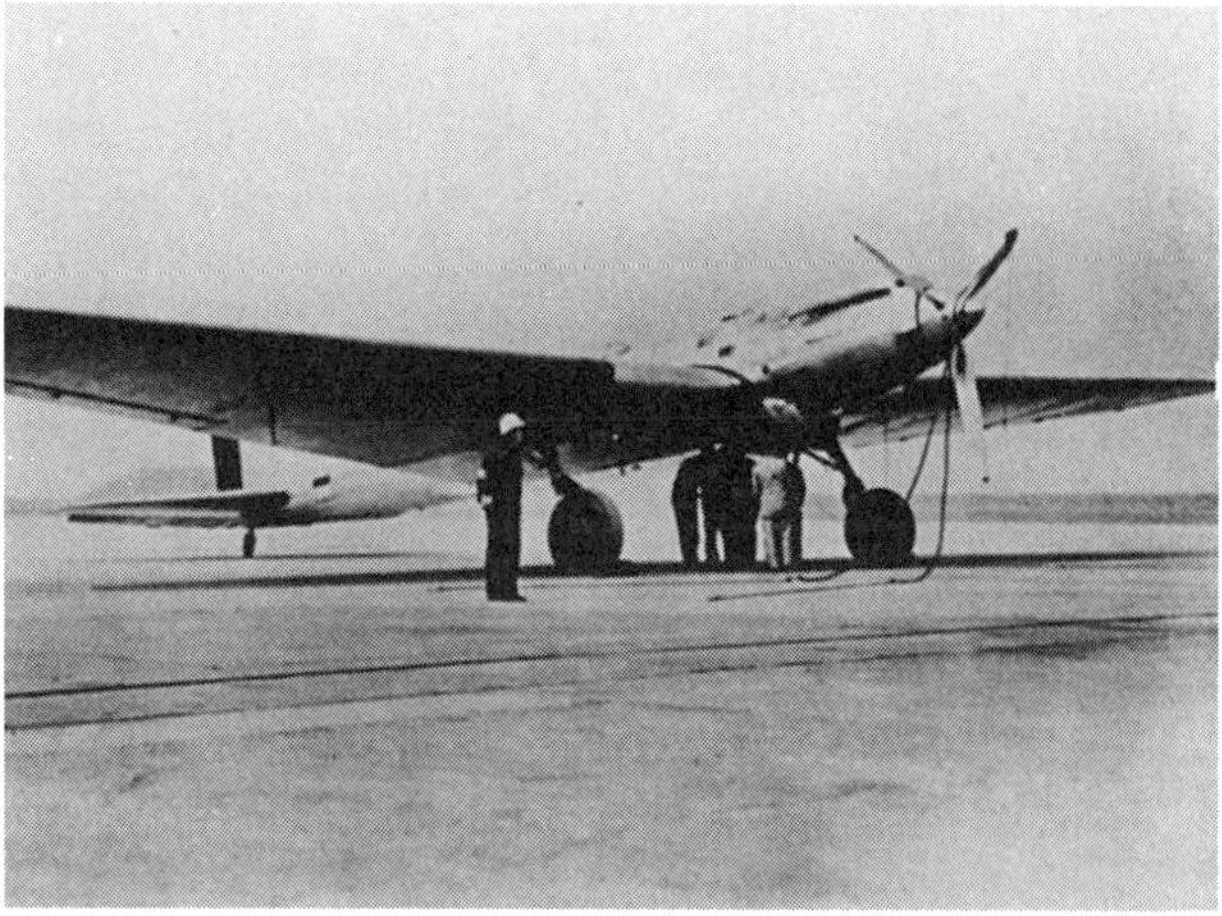

進駐軍に軍用機とみなされ解体されてしまった航研機

約半世紀にわたり鎮座し続けた穴守稲荷の鳥居
（写真：横山宗一郎／大田区立郷土博物館）

のだが、門前に建つ「赤い鳥居」だけは残されることに。というのも、動かそうとすると不幸な事故が次々と起こったからだ。「お稲荷様のたたりだ」と恐れられた鳥居は、飛行場が全面返還された1958（昭和33）年以降も、旧ターミナルの駐車場ど真ん中にたたずみ続けることに。その後、1999（平成11）年に、天空橋駅付近に無事移動されている。

接収されている間、日本の飛行機はその多くが破壊されている。中には、東京帝国大学（現・東京大学）が設計した実験機「航研機」も含まれているとか。これは、1938（昭和13）年に、1周約400㎞のコースを29周し、滞空時間62時間22分49秒という世界記録を達成した飛行機のこと。羽田に保管されていたところ、進駐軍により解体処分となり、スクラップは場内にあった鴨池に投棄されたと推測されている。現在は滑走路下となっている地中で、伝説の飛行機は今も眠っているのだろうか。もはや、誰も知るよしもない。

羽田アクセスを巡り鎬を削るモノレールと京急

東京オリンピックが開催された1964（昭和39）年からは、海外旅行が自由化され、旅客数が急増。都市インフラも急速な整備が必要とされた。同年9月には、東京モノレールが開通。浜松町からダイレクトに空港へ行けるとあり、開通当初は1日最大5万5000

1964(昭和39)年9月17日にモノレールが開通(写真：東京モノレール株式会社)

人もの乗客を集めたという。1993(平成5)年に羽田空港駅を、その11年後には羽田空港第2ビル駅、さらに6年後には羽田空港国際線ビル駅が開業した。

現在、モノレールと鉄道空港アクセスを二分する京浜急行電鉄は、1998(平成10)年に現・羽田空港第1・第2ターミナル駅を開業させ、悲願だった空港への直通を果たす。さらに、京成電鉄も乗り入れて、羽田と成田を結ぶ日本初の空港間直通運行をスタートさせた。2004(平成16)年の第2ターミナル開業時には新改札口を設置、6年後には、羽田空港国際線ターミナル駅を開業。羽田の拡張とともに延伸・発展してきた両者。さらなる利用客獲得に今も挑み続けている。

世界に誇るハイブリッド滑走路もターミナル建築もオンリーワン！

1978（昭和53）年5月に、新東京国際空港（現・成田国際空港）が開港して以降、2010（平成22）年10月に再国際化するまでの間、基本的には、国内線専用空港としてその役割を担ってきた羽田空港。1社を除くすべての国際線が成田へ移転したにもかかわらず、1979（昭和54）年に約2000万人だった旅客数は、その4年後には約3150万人と、航空需要は増加し続けた。ついには、空港施設やターミナルが手狭となり、将来へ向けた大規模な整備の必要に迫られることになる。

そこで、1984（昭和59）年にスタートしたのが、「東京国際空港沖合展開事業」だ。全体を3段階に分けて、約23年間かけて行われたこの大規模な事業は、使用中の空港の沖合に、新たに埋立地を造って滑走路を新設するなど、空港施設を移転・拡張させるというもの。あわせて、近隣地区への騒音問題に対する抜本的な解決も目的とされた。

埋め立て予定地となったのは、ヘドロや建設残土などが投入されていた廃棄物処理場跡。

埋め立て用の土砂を大量に投入するなどして軟弱地盤を克服
（写真：国土交通省関東地方整備局東京空港整備事務所）

ここは自然含水率が土砂の重さの2倍以上にあたる最大230％という超軟弱地盤であり、その様相から「おしるこ」と形容されているほどだった。この超軟弱地盤が、沖合展開最大の問題となる。

空港用地は、土木施設の中でもとりわけ厳しい平坦性が求められるもの。地盤改良にあたっては、砂や天然繊維材などでできたドレーン（排水柱）で、土中の水分を吸い上げる「バーチカルドレーン工法」と、さらに、上から圧力をかけて水分を排出させる「プレロード工法」が併用された。打ち込まれたドレーンの総延長は約8万㎞で、なんと、地球2周分。日本の土木技術者たちが総力をあげて挑んだ結果、自然に任せた場合100年かかるといわれた圧密沈下《あつみっちんか》（土中の水分が自然排出されて沈下が起きる現象）を、わずか1年ほどで成し遂げ、固く安定した地盤を造り上げたのだった。

前代未聞！　桟橋＋埋め立てで滑走路を造る

2007（平成19）年に終了した沖合展開では、並行するA・C滑走路と、それらに交差するB滑走路をはじめ、誘導路やターミナルビルなどが新設された。しかし、ますます増加する旅客数に対して発着能力はすでに限界。さらに本格的な定期国際線就航を望む声も強かったため、当時の年間発着能力29万6000回から40万7000回に増強するべく、同年より、4本目のD滑走路を沖合に新設する「羽田空港再拡張事業」が実施された。

全長2500m×60mのD滑走路を配するために、新設される空港島は全長3120m。そのうち1100mは多摩川河口の水流を堰《せ》き止めないよう「桟橋」で、残りの2020mは「埋め立て」で造るという、これまでに前例のないハイブリッド構造が採用された。

中でも、特筆すべきは桟橋部である。まずは、地盤の安定する深さまで1165本もの鋼鉄杭を打ち込んでゆく。この鋼鉄杭の打ち込み位置は、上から鋼製の格子状構造物である「ジャケット」を据え付ける関係から、わずか1㎝の誤差も許されなかった。そのため、

単体のジャケットを相互に連結して、コンクリート板を設置
（写真：羽田再拡張D滑走路建設JV）

新たにGPS基準局が設置され、都度、位置を確認しながら打ち込んでゆくという極めて精緻な作業が要求された。これら鋼鉄杭に据え付けられるジャケットの総数は198基。標準的なジャケット1基は長さ63m、幅45m、高さ32m、重さ1600tにもおよぶことから、その規模の大きさがわかるだろう。

また、鋼桁下面はチタン製カバープレートで覆い、内部を除湿し腐食を防ぐことで、設計上の耐用年数は構造物としては異例の100年とされている。

こうして完成したD滑走路は、2010（平成22）年10月に供用を開始。同時に、国際線ターミナルも開業し、実に32年ぶりに再国際化を果たしている。

ターミナル内部のデザインは三者三様

土木技術だけでなく、ターミナルの建築美も見逃せない。第1ターミナルは「陸」、第2ターミナルは「海」、第3ターミナルは「空」をモチーフにデザインされていることをご存知だろうか。

特に注目なのは筋雲《すじぐも》や富士の裾野のように、ゆるやかな曲線を描く第3ターミナルの大屋根は、南北に伸びるウイングの水平線との対比が美しく、ゆったりと空へ向かっているような印象を与える。また、2014(平成26)年に第2ターミナルの別棟としてオープンしたサテライトへ入ると、四方がガラス張りとなった空間に、純白の懸垂幕《けんすいまく》が天井に施されており、「今から空へ飛び立つ」ことを実感させてくれるデザインとなっている。

第3ターミナル4階へ行くと、一風変わった空間が現れる。提灯が連なる通りに、ベンガラ色の塗り壁やなまこ壁が続く「江戸小路」は、茶室の特徴を取り入れる数寄屋建築の名匠、京都の中村外二工務店によるもの。無垢材を使用し、18代目中村勘三郎が監修した江戸時代の歌舞伎小屋や、文化と伝統を伝える店が軒を連ね、羽田から「Made in JAPAN」を発信している。羽田は、ターミナル建築も他に類を見ないオンリーワンな空港なのだ。

筋雲をイメージした天井が開放的な第3ターミナルの出発ロビー

第3ターミナルの「江戸小路」には演芸場を模した店舗が並ぶ

成田国際空港（成田空港）

開港をめぐる激動の歴史
のどかな牧草地が空港になるまで

所在地
千葉県成田市・芝山町
開港年
1978年5月
ICAO・IATA
RJAA・NRT
面積
11.37km²
（2019年7月）
滑走路
4000m×60m
2500m×60m

年間に600万回以上も航空機が発着し、10億人以上の旅客が行き来する成田国際空港（成田空港）。その大半が国際線であり、まさに日本と世界をつなぐ一大拠点といっていいだろう。しかし、そんな場所も、半世紀年前にはのどかな田舎の風景が広がっていた。

成田空港が現在ある場所は、江戸時代には軍馬や農耕馬の放牧が行われていた土地だった。この地はちょうど九十九里浜側と利根川側の分水嶺であり、水がどちらかに流れていってしまうため生活用水を引くことが困難で、集落はあまり形成されず、荒涼とした原野が広がっていた。農業には向かないが、青草には富み、豊かな森林があることから、牧草地としては申し分なかったのだ。

明治時代になると、文明開化の波が押し寄せ、羊毛の生産力を高める必要が生じ、この地に牧羊場が置かれることに。1875（明治8）年、下総《しもうさ》牧羊場と、牛馬の改良を行う

宮内省下総御料牧場（写真：谷平 稔／空と大地の歴史館）

取香《とっこう》種畜場が発足した。

　1880（明治13）年、両施設が合併し、下総種畜場に。さらに時代が下ると管轄が宮内省御料局となり、1888（明治21）年からは宮内省下総御料牧場と定められた。

　そんなのどかな土地が激動の歴史をたどり始めるのは戦後からだ。太平洋戦争後、開拓の一環として御料牧場の敷地の一部が農地として開放され、そのほか土地や県有林が払い下げられ入植が始まる。とはいえ、ここは農業に向かない地。ほとんど身ひとつで開墾を始めた開拓民は、非常に貧しかったという。そんな過酷な環境に耐えた者たちが、農地を買い取り生計を立てられるだけの規模で農業を行い、この地に根づいていった。

地元民には「寝耳に水」だった空港新設計画

時は高度経済成長期が始まっていた1960年代。年々増大する航空需要により、滑走路の拡充や長大化など、空港の発着能力の向上が望まれた。当初は、羽田空港の再拡張が検討されたが、在日米軍が管制する横田基地の空域との兼ね合いをはじめとする諸問題で白紙に。

そこで、1965(昭和40)年、新空港の建設計画地として千葉県の富里《とみさと》・八街《やちまた》が内定した。当時の富里・八街付近は、長らくこの地で農業を行っている農家や戦後に入植した開拓民が多く、完全な農業地域だ。そこに、ほとんど根回しもないまま第二の国際空港建設が決定されたため、地元住民による反対運動が活発化。計画は難航を極めることになる。

反対運動が長引く中、当時の政権を握る佐藤内閣は方針を転換し、成田市三里塚から芝山町にまたがる地域を選ぶ。前述の通り、御料牧場などの国有地、あるいは県有地が多く、住民も戦後に入植した開拓民がほとんどだったため、土地の買収・確保も容易だろう、という予想もあった。しかし、三里塚案の発表も富里・八街案同様に、事前の地域への説明がほとんどないままであり、住民たちは猛反発。こうして、空港建設計画に対し、数千人規模の反対同盟が結成された。三里塚闘争の始まりである。

成田国際空港（成田空港）

難局を経てついに開港したものの その後も空港アクセスほか苦労の連続

１９６８（昭和43）年、学生自治会の連合体「三派全学連」が本腰を入れて反対運動の支援に入るようになる。いわゆる過激派の新左翼勢力だ。残った反対派の住民たちは新左翼と協力し、暴力闘争の様相を帯び始めることになった。

１９７０（昭和45）年になると、国は相場以上の価格での土地の買い取りや手厚い補償などで交渉を進めた成果で、多くの地主は建設賛成に回っていた。開港を急ぎたい政府は残る土地を強制的に取り上げる、強制代執行に踏み切る。機動隊と反対派が衝突。反対派は火炎瓶や竹槍で抗戦し、双方に多くの負傷者が出ることに。１９７１（昭和46）年9月16日、機動隊員が反対派に襲われ、3名が死亡するという事件まで発生した。

政府が当初目指していた１９７１（昭和46）年の開港は不可能となったが、工事は反対派の妨害を受けながらも進められ、１９７８（昭和53）年3月30日開港という具体的なスケジュールが発表された。国内外からの注目を集める中、またも、反対派の襲撃が起こっ

A滑走路1本だった開港当初の成田空港（写真：空と大地の歴史館）

てしまう。開港予定日の4日前に、活動家らが警備をすり抜け管制塔に侵入し、ハンマーなどを用いてレーダースコープをはじめとした管制機器を破壊したのだ。急ピッチで修復作業が進められたが、予定通りの開港は不可能となってしまった。

管制塔占拠事件から約2カ月後の1978（昭和53）年5月20日。厳戒態勢の中、成田空港は開港した。開港式典は運輸大臣、NAA（成田国際空港株式会社）総裁ら58人が出席する簡素なものだった。当時の滑走路は1本のみだが、日本最長の4000mで、幅は60m。成田空港が最初に迎えた航空機は、ロサンゼルス発の日本航空貨物便。旅客一番機はドイツ・フランクフルト発の日航機だった。

途中まで進んでいた成田新幹線計画

成田空港のターミナルビル直下へ鉄道が乗り入れたのは、1991（平成3）年になってからのこと。それまで、鉄道アクセスは京成電鉄のみ。それも、ターミナルビルから1㎞ほど離れた「成田空港駅」が最寄りだった。

当時は、東京駅から成田空港ターミナルビル直下まで、新幹線でつなぐ構想もあった。しかし、この短距離に新幹線を走らせるメリットは薄いうえ、レール幅が異なるため在来線の線路は使えない。新たに用地買収が必要だった。一部は着工されたが、地域住民の反対運動などにより凍結してしまう。しかし、このとき残された、新幹線のために使う予定だった設備と用地の活用により、1991（平成3）年にはJRと京成本線がターミナルへの直接乗り入れを開始。とはいえ、JRの成田エクスプレスも京成のスカイライナーも都心から約1時間と、この時点でも所要時間の面で難があった。

そして、2010（平成22）年、京成電鉄の京成成田空港線、通称成田スカイアクセスが開業。運行区間が短くなったことに加え、最高時速160㎞の新型車両を導入し、日暮《にっ》里《ぽり》〜空港第2ビル駅の所要時間が36分まで短縮された。ちなみに、京成成田〜成田空港駅間は東成田線として分離され、もともとあった成田空港駅は東成田駅と名前を変えている。

成田国際空港（成田空港）

日本一忙しい空港の「さばき術」国際貨物を扱う影の主役たち

2020（令和2）年9月、成田空港の新たな施設が運用を開始した。管制塔とは別に、駐機場内の航空機を誘導するための新しい「ランプセントラルタワー」だ。新タワーは地上5階建てで、高さは約60m。もともと使われていたのは、開港前の1978（昭和53）年3月に空港建設反対派に占拠された旧管制塔。開港以降、空港を見守ってきたが、老朽化などの影響でタワーが新設され、撤去されることとなった。

このタワーは成田国際空港株式会社が建設し、運用するもの。管制とは異なり、ランプエリア（駐機場）内の交通整理のような業務を行う。

これは日本では成田空港だけにしかない職務だ。成田は1日に700回前後の航空機の発着がある空港で、各スポット（個々の航空機の駐機場）の運用や、航空機や車両の走行許可や指示といった、ランプエリア内の交通管理業務も非常に大きなウェイトを占めている。通常は、こういった業務も管制官が行うが、分業によって管制の負担を減らしている

超ロング貨物は航空機先端から搬入する(写真：日本貨物航空株式会社)

ドアの開閉は内側の操作パネルで行われる(写真：日本貨物航空株式会社)

のだ。

航空機をさばく能力と同様に、旅客をさばく能力も重要だ。これに大きく関与するのはターミナルでのセキュリティチェック。旅客を対象としたセキュリティの場合、確実に個人を認証すること、そして、危険物を持ち込ませないことが必要となる。

ここで重要になるのが、確実性と迅速性のバランスだ。検査項目を増やすことでセキュリティを強化しようとすると、空港での手続き時間は増えてしまう。いかに素早く、かつ間違いのないセキュリティシステムを構築するかということが現在の課題のひとつである、ともいえる。

そうした中、登場したのが新たな顔認証システム「ＯｎｅＩＤ」。まず、空港での最初の手続き時にパスポートと搭乗情報を顔写真と紐づけする。そうすると、その後の手荷物預け、保安検査、搭乗ゲートにおいても搭乗券やパスポートを提示することなく、「顔パス」で通過できるようになる。

生体認証システムによって、本人確認精度が上昇するとともに、手続きの合理化、省力化、何より迅速化が図られる。ＮＥＣが開発し、成田空港が全国に先駆けて導入を決定した。

空港別国際貨物取扱量(平成31年度)

順位	空港名	年間貨物量(t)
1	成田国際	2,045,279
2	関西国際	742,155
3	東京国際	562,353
4	中部国際	172,313
5	那覇	100,024

出典：空港管理状況調書(国土交通省航空局)

日本一の貨物取扱量を支える裏方たち

航空機が運ぶのは人だけではない。新型コロナウイルス流行の影響を受け、旅客数では大打撃を被っている航空業界だが、貨物量への影響は、そこまで絶望的というわけでもない。成田空港でも国際線旅客便は大幅に運休・減便の状態が続いたが、実は、国際線貨物便が増えたのだ。２０２０（令和２）年の７月には、国際線貨物便発着回数過去最高の３２５１回を記録した。本来、旅客便の貨物スペースで運ぶはずだったものは運べなくなったため、単純な貨物量でいえば減少したが、それでも大打撃というほどの数字ではない。

成田空港の２０１９（令和元）年の国際航空貨物取り扱い量は約２０４万ｔ。これは当然日本一であり、世界でも7番目に多い数字だ。貨物地区には、第1～第7貨物ビル、輸入共同上屋ビル、貨物管理ビルといった21もの貨物取り扱い施設があり、輸出入の拠点や事務所として機能している。それらののべ床面積は、なんと、27万9400㎡。エリアは「貨物ターミナル地区」、「南部貨物地区」、「整備地区貨物上屋」の3つに分かれている。

2019（令和元）年の品目別構成比を見てみると、輸出では半導体に関する機器や電子部品、原動機、通信機などに代表される機械類・輸送用機器が40・8％と、多くを占めている。次いで、医薬品その他の化学製品が12・2％。そして金属製品、食料品などが続くが、その割合は多くない。輸入もほぼ同様の構成だが、機械類・輸送用機器が55・1％、化学製品が17・1％と、それぞれのウェイトが増えている。

これを日本全体の輸出入品目の割合と比べてみると、鉱物性燃料の輸入額に大きな開きがある。石油や天然ガスといった燃料は、引火性危険物のため、基本的に航空機には搭載できないうえに、大量輸送が必要となる。これらの輸入はほとんどを船舶が担っている。

国・地域別の輸出入額を見ると、輸出入ともにアメリカ、EU、アジアが多い。アジアの中でも中国がダントツで、輸出の17・8％、輸入の24・5％は中国が相手。輸出においては、台湾、韓国なども存在感を見せている。

関西国際空港

前代未聞の水深に挑んだ世界初の「完全人工島」空港

1994（平成6）年に開港した関西国際空港は、日本初の24時間運用可能な国際空港であり、世界初の「完全人工島からなる海上空港」である。2019（平成31）年度のデータでは、国内線・国際線合わせて、航空機発着回数が19万6022回、航空旅客数は約2876万7000人にものぼる。

同じ大阪府内にはすでに大阪国際空港（伊丹空港）があったが、住宅地が連なるエリアのど真ん中にあり、環境・騒音対策上の配慮から、離着陸の回数や時間帯に制限がある。そのため、泉州沖に造られたのが関西国際空港だった。陸地から5km沖、平均水深18mの海上に平坦な空港用地を造成するというのは、並大抵のことではない。当然、埋め立てて人工島を造ることになるわけだが、海底には水分を多量に含んだ柔らかい地盤が広がっている。これをどう克服するかが建設時の大きな課題だった。

所在地
大阪府泉佐野市・田尻町・泉南市

開港年
1994年9月

ICAO・IATA
RJBB・KIX

面積
10.55km²

滑走路
3500m×60m
4000m×60m

沈下に負けぬ大規模&難工事を完遂

地道な地元住民・自治体との調整、建設計画の審議、各種法制度の整備などの準備を経て、1987(昭和62)年にようやく第1期工事が着工。

海底の一番上に堆積していて水分が多い沖積《ちゅうせき》粘土層が荷重によって不均一に沈下する不同沈下を防ぐため、まず地盤改良工事が必要だ。とはいっても、沈下そのものを完全に防ぐことは不可能。完成後は島の重さによって、数十年かけて沖積粘土層が大きく沈下することは予期されていた。

ただ、沈下そのものは止められないが、事前に人工的に沈下を早めることによって、開港後の沈下を少なくすることはできる。そのために、まずは地盤に均一に砂の杭を打ち込み、荷重をかけて水分を絞り出す「サンドドレーン工法」での地盤工事が行われた。

次に、空港島の護岸工事。海中にいきなり土砂を入れて島を造るのではなく、長大な囲いを設けて土砂を投入することで、効率的に島を造ってゆく。関西国際空港の場合、1期島工事では全長約11㎞、2期島工事では全長約13㎞もの長さの護岸が造られた。さらに、護岸斜面に藻場を形成し、魚類の生息環境を保つ工法が採用され、環境への配慮も行われた。

第3段階の埋め立て工事では、大量の土砂を運べる「土運船」が活躍する。水深が深い

サンドトレーン船で鉄のパイプを海中に押し込んでゆく
（写真：関西エアポート株式会社）

間は船底を開放して土砂を一気に海底に投入（これを直投という）してゆき、浅くなると船底がぶつかるため、土運船で運んだ土砂を「揚土船」という別の船で陸上に揚げてゆく。そして、陸地化したところをブルドーザーなどでならしてゆくという手順だ。この際、将来的な不同沈下に対応するため、仕上がり面の起伏と沈下の観測を行いながら、最終的な地面の高さよりも高くなるように盛り上げてゆく。

このような大規模でかつ先進的な土木工事を約4年間で成功させたことは世界的にも高く評価されることとなった。2001（平成13）年、米国土木学会から「20世紀の偉業」に認定されている。

今もなお沈み続ける地盤との闘い 地下室や連結部の意外な仕掛け

2019(令和元)年、開港25周年を迎えた関西国際空港。竣工から長い年月が経った現在でもなお、海を埋め立てて造成した空港島には、地盤が不均一に沈下してゆく不同沈下がつきまとう。海底の一番上に堆積している「沖積層」の沈下はほぼ収束しているが、その下に深く厚く広がる洪積《こうせき》層の沈下が、現在も続いているのだ。2019(令和元)年12月の17地点での計測結果によると、直近1年間の1期島の沈下量は、最小で約3㎝、最大で約12㎝。平均沈下量は約6㎝だった。関西国際空港は四半世紀を経てもなお不同沈下との地道な闘いを続けているのだ。

ターミナルビルの本館には大きな地下室があり、その空洞の分、ほかの部分よりも建物が軽くなってしまう。そのため、地盤にかかる荷重が他と均一にならず、本館の周囲部分と比べて沈下が浅くなってしまうのだ。それを防ぐため、本館の底には鉄鉱石を重しとして敷き詰めているが、それでも防げない不同沈下に対応する秘密兵器が「ジャッキアップ

鉄板を抜き差しすることで柱の高さを調整する

設備から伸びるパイプは、蛇腹状のジョイントになっている

システム」だ。

第1ターミナルビルには約900本の柱があるが、すべての柱の沈下が自動的に計測され、その結果からどの柱を上げるかが決められている。柱をジャッキで持ち上げ、そこに鉄板を挟むことによって柱の高さを調節。1回のジャッキアップで変えられる高さは10㎜程度だという。地道でローテクな作業だ。ちなみに、その他の設備についてもケーブルは緩めに配しておく、階段と床の間に空間を造っておくなど、すべての部材が上下に動いても問題ないように造られている。人力による微調整と用意周到な設計に支えられ、ターミナルビル全体が水平に保たれているのだ。

甚大な台風被害で見えた防災面の課題

2018（平成30）年9月4日、近畿地方に上陸した台風21号により、関西国際空港は甚大な被害を受けた。高波は1期島の護岸を乗り越え、浸水。タンカーの衝突で連絡橋は通行できなくなり、ターミナルには利用客など最大約8000人が取り残され、孤立した。

当時の被害状況としては、滑走路および駐機場はほぼ全域が浸水。駐機していたANAの機体も一部の部品が浸水し、修理が必要となった。ターミナルビルでも、停電、冠水によりチェックイン、手荷物関連のシステムが停止した。空調設備、電気設備などが損傷するなど、惨憺《さんたん》たるものだった。

B滑走路や第2ターミナルがある2期島は、1期島が防波堤のような役割を果たしたため被害は軽かったが、それでも滑走路は閉鎖。空港機能のすべてが停止してしまった。空港は復旧を急いだ。緊急災害対策派遣隊や成田国際空港、中部国際空港からの復旧支援もあり、21日には全面再開となったが、人工島の災害時のリスクが浮き彫りになる形となった。

これを受け、関西国際空港では防災機能強化対策事業計画を策定。被害状況の詳細や施設、設備の改良の余地をすべて洗い出し、約541億円をかけた対策事業がスタートした。柱としては主に2つで、1つめは越波防止対策。護岸の必要な高さを見直してかさ上げをすると同時に、護岸の前に消波ブロックを設置することで、二重で防護するなどの対策が取られる。もう1つは万が一浸水が発生してしまった場合の対策。電源設備の地上化や止水板の設置、排水ポンプ電源設備のシェルター化、大型排水ポンプ車の導入などで排水機能の強化が行われた。

護岸工事や滑走路・誘導路のかさ上げ工事も進行中。2022（令和4）年度にはすべて完了し、万全となる見通しだ。

大阪万博に備え新たな「船アクセス」登場か

台風の際、孤立した人々の救助で活躍したのが、神戸空港と関西国際空港を高速船で結ぶ「神戸～関空ベイ・シャトル」だ。台風被害のあった翌日から、通常運航している「そら」「うみ」の2隻と、予備船の「かぜ」をフル稼働。計33便を出して、残された人々を神戸空港までピストン輸送した「救出劇」はニュースにもなった。陸路の約半分の時間で、渋滞の心配もないため、普段から利便性の高い交通手段でもある。

さらに、関西国際空港からの海路が新設されるという計画がある。近鉄グループホールディングスは2020（令和2）年1月、大阪中心部近くの人工島・夢洲《ゆめしま》と関西国際空港をつなぐ航路を開設する方針を固めたと一部報道があった。夢洲は2025（令和7）年に予定されている大阪・関西万博の会場だ。就航すれば、同区間を片道45分で結ぶとされ、1日に約20便の運航で2000～3000人の輸送が可能になる。万博の開催にあたっては、半年間で約2800万人の来場が予想され、鉄道や道路の渋滞が懸念されている。急激に増大するであろう空港からの交通需要を見込み、万博開催までの就航が期待される。

ベイ・シャトルは関西国際空港0時発の深夜帯も運航
（写真：株式会社OMこうべ）

中部国際空港（セントレア）

デザインと機能性を兼ね備え遊び心も満載の大型国際空港

所在地
愛知県常滑市
開港年
2005年2月
ICAO・IATA
RJGG・NGO
面積
4.7㎢
滑走路
3500m×60m

中部地域の空の玄関口として、2005（平成17）年2月に開港した中部国際空港（セントレア）。成田、関西に次ぐ第3の国際拠点空港として存在感を放つこの空港が位置するのは、伊勢湾に浮かぶ人工島。現在は3500mの滑走路のみだが、全長が同一の滑走路をもう1本新設する計画も進行している。T字型をした第1ターミナルは、大きく翼を広げた鳥のようだ。そして、開放的な建物の中に入ると、ひと際目を引くのが折り鶴をイメージしてデザインされたトラス構造の天井。光の陰影によって立体感が生まれ、奥行きのある空間に仕上がっている。

デザインも秀逸だが、施設自体がコンパクトで使いやすいのも魅力のひとつ。直結の鉄道駅からは、5分もあれば出発ロビーに到着できる。国内線と国際線を同一ターミナルに配し、短時間での乗り継ぎが可能となった。また、国内最大級となる幅140㎝の動く歩道やゆる

第1ターミナル1階のウェルカムガーデンは4層吹き抜け(写真：中部国際空港)

やかなスロープなど、誰でも利用しやすいユニバーサルデザインを随所に採用。それらの取り組みが評価されて、2005（平成17）年には、グッドデザイン賞（建築デザイン）を受賞した。さらに、航空業界の格付け調査を行うスカイトラックス社の「WORLD'S BEST REGIONAL AIRPORT」では、6年連続1位に輝いている。

一夜のうちに空港まるごとお引越し

セントレアの開港前は、県営名古屋空港（小牧空港）がこの地域の主要空港の座を占めていた。1999（平成11）年には、新たな国際線ターミナルが完成したものの、市街地が近いこともあり、それ以上の拡張工事は

名古屋鉄道名古屋駅と最速29分で結ばれている（写真：中部国際空港）

難しい。今後、さらに航空需要が高まることを考えると、新たな場所に空港を建設するのは不可避だとの結論に達した。

２０００（平成12）年に着工し、4年半の工期を経て迎えた開港前夜。たった一晩で、小牧空港からセントレアに移転しなければいけないという、前代未聞の引越し劇があった。しかし、大したトラブルもなく無事に移転作業を終え、翌日は晴天の中、初フライトとなるＡＮＡ福岡行きが離陸。セントレアは、順調な滑り出しを切ったのだった。

２０１９（令和元）年9月にはＬＣＣ向けの第2ターミナルも開業し、さらに利便性が向上。中部地域のゲートウェイとして、ますます存在感を増している。

中部国際空港(セントレア)

航空ファンの心をわし掴みにする飛行機がすぐそこに見える展望デッキ

スムーズなオペレーションで無事にオープンを迎えたが、開港直後、一点だけ予想に反して混乱をきたす事態があった。それは、見物オンリーの人たちが殺到したこと。開港翌月の3月末までに、空港来場者は300万人を突破する。ただし、そのうちの半数以上が見物客だったという。これだけ注目を集めたのは、開業前から「乗らなくても楽しめる空港」として話題になったからだろう。

特に評判なのが、第1ターミナルの4階にある「スカイデッキ」だ。日本で一番間近で飛行機を見られるこの展望デッキの先端部は、滑走路までの距離が約300m。誘導路まではわずか50m程度と、いかに近いかがわかるだろう。さらにデッキの形状がユニーク。滑走路に突き出すように、垂直に伸びているのだ。デッキの長さは300mとかなり長くて、入り口からだと、どこに先端があるかわからないほどだ。

数だけでなく、バラエティに富んだ航空機に出合えるのがセントレアの魅力。国際線37

社（※２０２０年1月時点）の航空会社が就航しているほか、国内ではここでしか見られない、世界にたった4機だけの巨大貨物機「ドリームリフター」も飛来する。アメリカにあるボーイングの工場からはるばるやって来るドリームリフターは、ボーイング７８７の部品を運搬する専用機。不定期にやって来るので、フライトトラッカー（飛行追跡）サイトやアプリで事前にチェックしておきたい。所定の駐機場がスカイデッキから見て左手のはるか先にあり、デッキ先端部にいる見物客の前をゆっくり通り過ぎてゆくときには、シャッター音が一斉に鳴り響く。

個性的なアクティビティと施設で魅力をアピール

セントレアには、そのほかにもオンリーワンが揃っている。例えば、ターミナル内やスカイデッキなどを、セグウェイに乗って巡る「セグウェイ・ガイドツアー」。乗車前にはガイドによる講習があるから、初心者でも安心して参加できる。

また、２０１８（平成30）年から始まった「サムライ×ＮＩＮＪＡ空港プロジェクト」では、毎月22日をセントレアの忍者の日と設定していて、この日だけはガイドが忍者に変身。黒装束でセグウェイを乗り回す姿は、忍びの者らしからぬ抜群の注目度を誇っている。

夕暮れ時のスカイデッキ。朝7時から夜9時まで利用可能

ハッチを開けて貨物を搭載中のドリームリフター（写真：中部国際空港）

3階出発ロビーでふと見上げると……忍びの者!?

ほかにも、この空港には個性的な施設が目白押しだ。特におすすめなのが浴槽に浸かったまま離陸シーンが堪能できる展望風呂「風《フー》の湯」。そして、ボーイング787初号機を展示し、シアトルの街並みをイメージしたレストランやショップが並ぶニュータイプの遊べる飛行機テーマパーク「FLIGHT OF DREAMS」。イベントプラザでは、地元や就航都市を中心に、全国各地の物産展も随時開催している。

搭乗のついでに待ち時間を利用して、なんて思っていると、きっと時間が足りなくなって後悔してしまう。セントレアを楽しみ尽くすなら、飛行機に乗る予定がないときにこそ訪れるべきだ。

第3章
ローカル空港——立地・建設の謎

調布飛行場

東京都下の住宅地になぜ？ その経緯が語る「戦時下」と「進駐軍」

所在地
東京都調布市・三鷹市・府中市
開港年
1941年4月
ICAO・IATA
RJTF・なし
面積
0.39㎢
滑走路
800m×30m

都心から西へ約20㎞。敷地の大半が調布市で、三鷹市・府中市にも一部食い込むような立地。周辺地域の住民を除けば、この場所に現役の民間空港が存在することを知らない人も多いのではないだろうか。大島・新島・三宅島・神津島《こうづしま》と、伊豆諸島各地への新中央航空の定期便が毎日運航している。羽田のように沿岸ではなく内陸、東京郊外の住宅地にある空港のルーツは、80年前の太平洋戦争の時代まで遡《さかのぼ》る。

陸軍の意図もあり急ピッチで進んだ空港建設

1941（昭和16）年4月30日、南北方向に1000m、東西方向に700mの滑走路を備えた東京調布飛行場が開設された。さらに同年8月、東京府と陸軍省の間で協定が交わされ、飛行場と付属の建物は全面的に軍が使用することが決定。日中戦争はすでに始まっ

戦時下の調布飛行場（写真：調布市郷土博物館）

ており、太平洋戦争の開戦まで4カ月という時期だった。

空港建設計画の決定から完成までは、2年4カ月と驚くべきスピードで進んだ。

1938（昭和13）年12月、北多摩郡調布町・三鷹村・多磨村地内（現・調布市・三鷹市・府中市）にまたがる、広大な敷地の買収について東京府知事より通知が出される。東京府は同月のうちに飛行場設置予定地の土地所有者を集めて説明会を開催。165万㎡（およそ東京ドーム35個分）におよぶ水田・畑地・松林・住宅・寺院などを含んだ土地を半強制的に買収した。

それから約半年後の1939（昭和14）年5月末、家屋や建築物の撤去、竹木類の伐採が済み、更地となった土地が東京府に明け渡され、建設は一気に進んだ。

本土空襲に対抗した飛行第244戦隊

1942（昭和17）年4月18日。東京・川崎・横須賀・名古屋・神戸など、日本は本土に対する空襲に初めて遭う。以来、帝都防空の重要性は増すことになる。

調布飛行場には、空港建設にあたり配置された飛行第144戦隊を前身とする、飛行第244戦隊がいた。京浜地区の空襲のたびに出動し皇居防空の任にもあたったため、「近衛飛行隊」と自ら名乗っていたという。

同部隊は、戦争末期の1944（昭和19）年11月以降、米軍のB-29爆撃機による東京への空襲が始まると、複数撃墜の戦果を上げている。戦意高揚のために、新聞が盛んにその活躍を取り上げたこともあり、同部隊は一躍有名になった。1945（昭和20）年に入り沖縄戦が始まると、同戦隊は特攻作戦支援のために九州へ移動したが、調布飛行場には戦闘機が100機以上残されていたとされる。そしてそのまま終戦の8月15日を迎えることになった。

アメリカ人のための関東〝村〟とは？

戦後は米軍飛行部隊の飛行場として使用されていたが、1946（昭和21）年、空港敷地の西側一部が意外な目的に転用される。在日するアメリカ占領軍の食料用に、野菜を栽培する調布水耕農園に切り替えられたのだ。東京都下、空港のすぐそばに農場が並ぶ、なんとも不思議な光景がそこに誕生した。

調布飛行場の周囲には運動場やスタジアム、大学などが建ち並ぶ（写真：国土地理院［2009年撮影］）

ただし、それも1961（昭和36）年までのこと。東京オリンピック開催により渋谷区にあった在日米軍用地が選手村となることが決定。その移転先として、米軍関係者向け施設と住宅が並ぶ通称「関東村」となったのだ。関東村には、880戸の住宅と

原っぱをはさんで滑走路の西側（左）に関東村が広がっていた（写真：国土地理院［1970年代撮影］）

小中高校、診療所などの施設が建設され、約4500人のアメリカの軍人とその家族、日本人従業員が居住していた。

調布飛行場とその周辺施設は1973（昭和48）年に飛行場地区、1974（昭和49）年には関東村が日本へ返還され、調布飛行場は軍用ではなく民間空港として再出発。1979（昭和54）年の調布〜新島間を皮切りに、大島、神津島、三宅島と2014（平成26）年までに次々と伊豆諸島への航路が開かれていった。現空港の敷地と隣接する武蔵野の森公園には、太平洋戦争末期に60基ほど造られた有蓋《ゆうがい》・無蓋掩体壕《むがいえんたいごう》のうち、2基が現存。戦時下から残ったわずかな遺構が、かつての姿を想像する手がかりとなっている。

女満別空港

のどかなオホーツクの空港が北海道で2番目に古いワケ

所在地
北海道大空町

開港年
1963年4月

ICAO・IATA
RJCM・MMB

面積
1.67㎢

滑走路
2500m×45m

北海道にある13の空港のなかで、意外にも、女満別《めまんべつ》空港の歴史は2番目に古い。１９３４（昭和９）年開港の新千歳空港（当時は千歳飛行場）に次いで、旧空港のルーツとなる飛行場が翌年の１９３５（昭和10）年に開港している。

開港当時は「気象観測飛行場」だった。現在のように各種観測システムが充実していない時代、上空からの観測情報は極めて有効。具体的には、女満別ではオホーツク海へ流れ込む流氷などを観測するのが、設立された主たる目的だった。女満別は北海道内では降水量が少ないうえ、濃霧の可能性も低く、航空機が発着するための条件にも恵まれていた。

今でこそ観光資源として注目されることの多い流氷だが、当時は農業への気候変動の影響を予測するための指標とされていた。北海道および東北地方では、夏の日照時間が減ったり、気温が低い日々が続いたりすると、冷害により米の収穫量が激減してしまう。当時、

女満別競馬場時代の貴重なひとコマ

冷害の原因のひとつとして、直前の冬のオホーツク沿岸の流氷結氷が疑われていた。海上を漂う流氷の観測には、地上からよりも上空からの方が適している。流氷のような事情から、オホーツク海から20㎞ほどの女満別の地に、白羽の矢が立ったというわけだ。

開拓村に工期1週間で空港が完成

日本初の民間飛行場、羽田飛行場（現・東京国際空港）が開港したのが1931（昭和6）年のこと。それから10年と経っていない時期で、しかも北海道の道東といえば、当時は「日本のさいはて」といっても過言ではない地。そこに、最先端の乗り物の拠点が建設される。現地の人々には想像もつかない話だっただろう。飛行場どころか、航空機すらイメージすることが難しかったに違いない。女満別入植者たちが形成した開拓村だけに、フロンティア精神旺盛だったのだろうか。女満別に空港を造りたいという話が舞い込んできた際、話は一気に進んだ。当時、村有の競馬場だった土地を、10年間無償で貸与することを村議会で承認する。村民たちがそれぞれの家の農耕馬を競わせていた競馬場はすでに4年前に移転しており、ちょうど跡地が残されていた。そしてわずか工期1週間あまりで、全長300m、幅50mの滑走路が完成したのだった。村民たちの全面的な協力があったおかげだ。

こうして、女満別飛行場は完成し、飛行機による流氷観測は1935（昭和10）年3月23日に初めて行われたという。これは日本国内で、史上初めての飛行機による流氷観測で、翌年より本格的な観測が行われるようになった。

ただし、その頃の記録は、残念ながらほとんど残っていない。中央気象台（現在の気象庁）の施設が火災や戦災に遭ったことが原因といわれている。もともと、米相場への影響がある情報のため、資料自体もごくわずかしか作られなかったとか。

気象観測飛行場としての歴史は短命で、わずか数年で海軍基地となる。日中戦争が始まり、さらに太平洋戦争の足音が迫って来ていた時代。気象観測よりも何よりも、北方の守

夏と秋の2度楽しめる空港周辺のひまわり畑

りが急務となっていた。網走刑務所の受刑者も駆り出しながら、海軍航空隊が美幌第二飛行基地として整備する。

終戦後は、米軍の管理下に置かれる。滑走路が破壊されて使用不能になったが、朝鮮戦争の時期、主滑走路を修理して不時着場として使用する形で再開する。1956（昭和31）年、飛行場の一部が米軍より返還されると、女満別～丘珠《おかだま》間の不定期便が開設。1958（昭和33）年に全面が返還され、女満別空港として再出発している。そして1985（昭和60）年に現女満別空港が開港。

現在は、ひまわり畑とともに飛行機を撮影できるスポットとして、航空ファンのみならず有名な空港になっている。

静岡空港

〝第三の首都圏空港〟計画を実現するための秘策があった

所在地
静岡県牧之原市・島田市
開港年
2009年6月
ICAO・IATA
RJNS・FSZ
面積
1.92㎢
滑走路
2500m×60m

2009（平成21）年、静岡県牧之原《まきのはら》市の丘陵地帯に建設された静岡空港。この空港を、羽田、成田に次ぐ〝第三の首都圏空港に〟という構想があるのをご存知だろうか。

確かに、羽田、成田のキャパシティは、コロナ禍以前まではインバウンド需要の増加もあって、発着回数が限界に近づいてきていた。両空港で、全員搭乗したのになかなか離陸態勢に入らず滑走路上で待ち続ける、〝空の渋滞〟を経験したことがある人も多いのではないだろうか。

静岡は首都圏に近く、また富士山という外国人に人気の世界遺産も県内にある。三番手に相応しいように思えるが、問題は空港へのアクセスだ。静岡空港には直結する鉄道駅がないので、車以外だと、最寄り駅からはシャトルバスかタクシーを利用することになる。

仮に、首都圏から公共交通機関で向かう場合の最短ルートを考えてみよう。東京駅から静岡駅までは東海道新幹線。ひかりで1時間、こだまで1時間20分。のぞみは停車しない。静岡駅からシャトルバスで約50分かかるので、合計で、おおむね1時間50分～2時間10分。さらに、バスは渋滞リスクもあるので、30分程度は余裕を見ておくべきだろう。そうすると、所要時間は2時間20分～40分だ。

それに対して、東京駅～成田空港間は1時間30～40分ほど。鉄道なので定時運行率はかなり高く、本数も多い。倍近くかかってしまう上にバスも使う静岡空港との差は歴然だ。残念ながら〝首都圏第三空港〟は夢のまた夢では、と思えてしまう。

だが、実は逆転のためのある秘策があった。

新駅設置で日本初の新幹線直結の空港に!?

99ページの地図を見て欲しい。静岡空港をちょうど横断する東海道新幹線の線路。丘陵地帯のため、トンネルの破線が通っている。もし、ここに「静岡空港駅」を造れば、日本初の「新幹線直結空港」ができ上がるのだ。

実は、空港建設の基本構想策定段階から、新駅設置は要望に入れられていた。もし駅ができれば、東京駅からの所要時間はグッと縮まり、こだまで約1時間30分。新幹線なので

静岡空港広域マップ

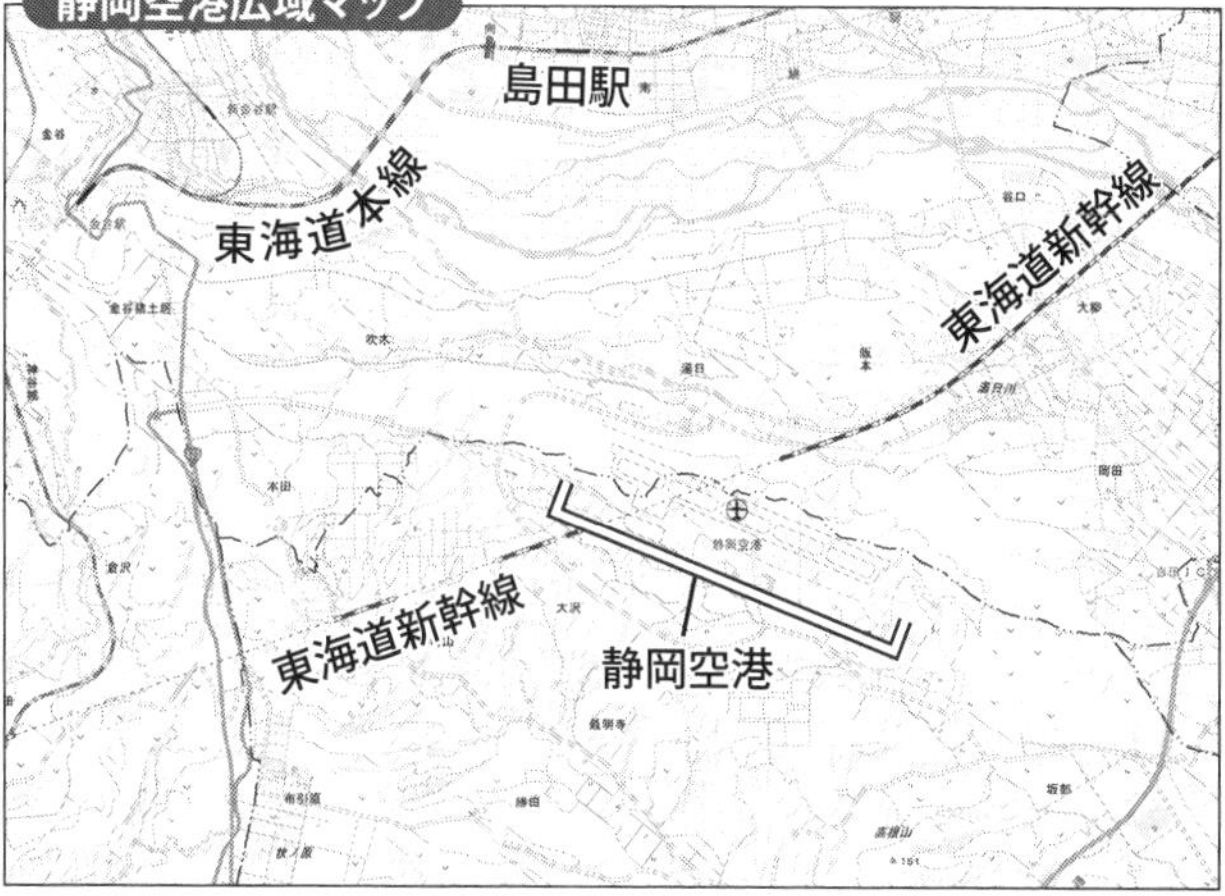

運賃は高くつくが、これなら成田とほぼ同じ。神奈川県民なら、新横浜駅からの新幹線利用で成田よりも確実に近くなる。

　しかし残念ながら、この新駅計画は実現されなかった。新幹線の静岡駅とその西隣の掛川駅の間は、現在のダイヤで13分。この短い区間にもう1つ駅を造ると、駅間でスピードが出せなくなる。もちろん、新駅に停車する時間も新たにかかる。そうすると、この区間だけでなく、その先々までの所要時間が今より長くなってしまうことは避けられない。さらに、東海道新幹線はかなりの過密ダイヤなので、全体のダイヤ編成も影響が出てしまう。本数減もあり得る。

　それらと新駅利用者がもたらす経済効果と

富士山をバックに静岡の企業が設立したFDAの航空機が飛び立つ（写真：FDA）

を比較検討した結果、ＪＲ東海が首をタテに振らなかったと推測される。

ところが、ここ数年、風向きが変わりつつある。リニア中央新幹線の開業だ。工事計画では、リニアは静岡も通ることになっているが、北端のわずかな区間だけ。内陸部なので、空港とは直接関係ない。

ただ、開業すれば名古屋以西へ最短時間で移動したい乗客がリニアに流れるので、新幹線の便数は減り、ダイヤに余裕が生まれる。そうなれば、もしかして……というわけだ。

リニア開業は今のところ、２０２７（令和９）年の予定。〝第三の首都圏空港〟実現の夢が叶うか否か。その大きな岐路は、２０２０年代半ばにありそうだ。

広島空港

救世主の名は「超高盛土工法」凹凸だらけの山中に空港を造る

所在地
広島県三原市
開港年
1993年10月
ICAO・IATA
RJOA・HIJ
面積
1.98㎢
滑走路
3000m×60m

標高約300mあまりの山岳地に建つ、中国地方最大の空の玄関口・広島空港。旧広島空港からこの地に移転されたのは1993（平成5）年のことだが、市街地から遠く、最寄り駅から8㎞も離れていて、お世辞にもアクセスが良いとは言い難い。

その大きな理由は、広大な敷地が必要だったため。大型飛行機が乗り入れ可能な2500mの滑走路を敷設するために、この地への移転が決定した。新空港建設地に選ばれたのは、世羅《せら》台地。標高350m前後。凹凸だらけの険しい地形だったが、東京ドーム約160個分にあたる7・6㎢の土地を確保することができた。

空港用地の造成には、高精度の平坦性と安定性が必須条件。そのため、通常、空港は高低差があまり大きくない土地に造られる。しかし、広島空港の場合はその真逆。凸部を削り取る「切土」に加え、凹部を埋めて土地を平らにならす「盛土」を行うしか、平地を造り出す方法がなかった。

なかでも最大の難関となったのは、建設予定地を北から南に流れる切子川だ。深い浸食谷を形成しており、標高差が100mを超える箇所もあった。まさに、山あり谷ありの地を埋めるために行われたのが、国内でも類を見ない規模の盛土だ。その総量は、なんと東京ドーム790杯分にものぼったという。鉄道や高速道路などの建設では多数の施工事例がある盛土工法だが、広島空港の事例はその規模から「超高盛土工法」と呼ばれた。

独自の盛土設計で地盤の堅牢性を確保

新空港の工事は、立ち木を伐採して根を取り除き、表土を除去する作業からスタート。土砂を掘るにはバックホー（ショベルカーの一種）、軟岩の掘削はリッパーと呼ばれる岩や堅い土砂を削るためのツメがついたブルドーザーが使われた。重機では掘削が難しい硬い岩の層が現れると、ダイナマイトを使用して対処。全切土量のうち、48％におよぶ927万㎥が発破によって処理された。

凸部を削ったあとは、凹部を埋める工程へ。広島空港の盛土には、削る工程で発生した「まさ土」が主に使用された。「まさ土」とは花崗岩が風化してできた砂状の土で、締め固め

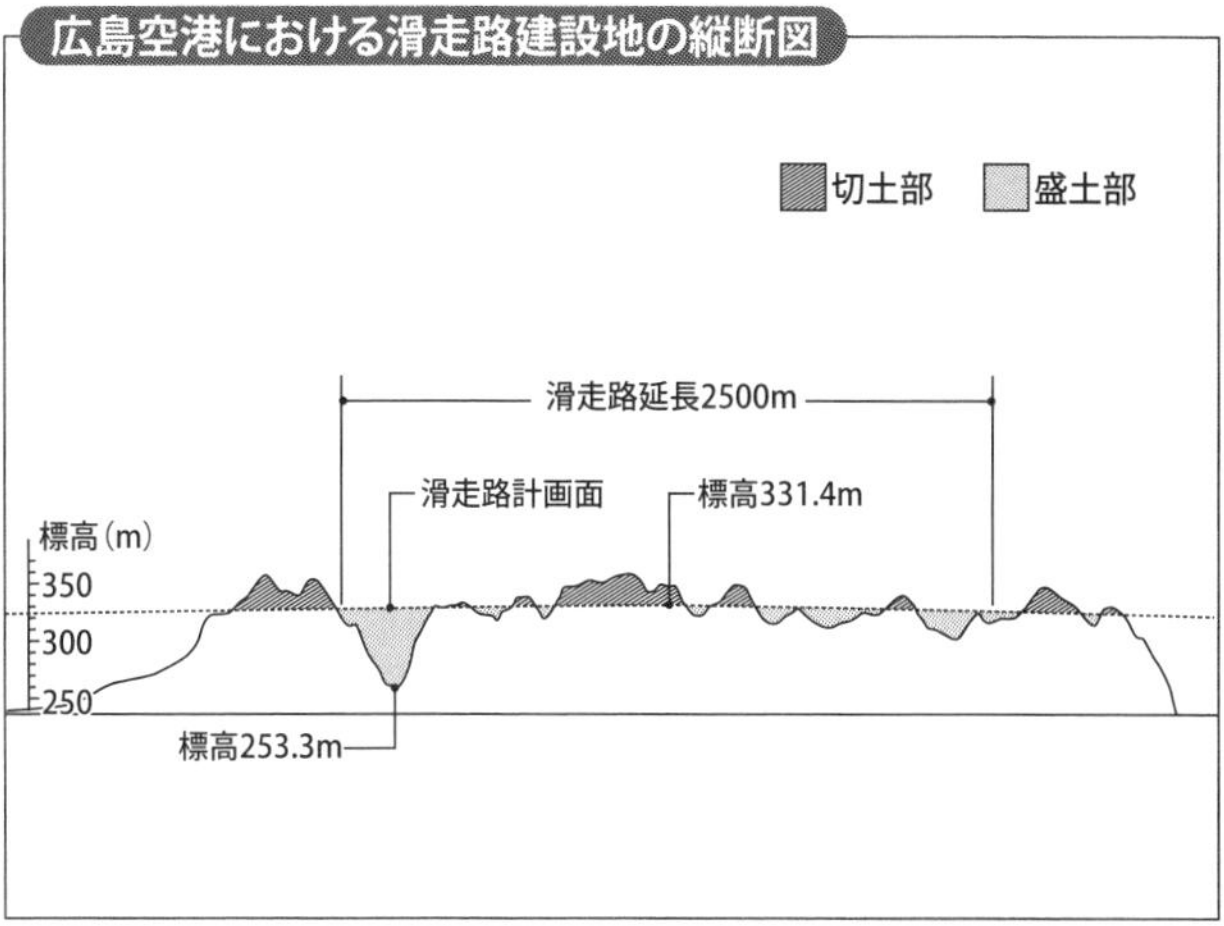

れば支持地盤となる盛土材だが、一方で、雨水や地下水が浸透すると地盤の強度低下や地盤沈下を起こしやすい。この性質を踏まえたうえで、降雨対策や後々のメンテナンスが最小限で済むような設計がなされた。

盛土を行う際、広島空港では上に造られる構造物や荷重分布、斜面の安定性が各所ごとに個別に考慮された。例えば、滑走路など、飛行機が移動する舗装面の地盤となる部分には、変形や沈下が少ない組合せである土砂と軟岩を選ぶなど、各エリアに最適な材質の土を投入。締め固めの際にも土の種類ごとに圧力を変えるといった工夫がされた。なお、一番外側は斜面が崩れるのを防止しつつ、撥水性が高い構造にするため水はけの良い硬岩を

リップラップと呼ばれるロック材が一面に施工された斜面部

用いるなど、綿密な計画のもと進められた。

超高盛土工法では、集中豪雨などによる崩壊の懸念もあった。土砂を高く盛ることによって、長大な斜面ができてしまうのは避けられない。空港周辺は最大で落差125m、斜面長340mの斜面になっていた。そこで、大きな岩を斜面表面に均等に配置し、すき間には手作業で小さな石を埋めることで、排水性を高めた。これは斜面強度が保てるうえ、メンテナンス不要という画期的な施工法だ。

こうして、計算され尽くした高盛土とその対策のもと、凸凹だらけだった山の中に平坦な地面が確保され、広島空港が誕生したのだった。

長崎空港

削った岩石を埋めてつないで小島が世界初の海上空港に変貌

所在地
長崎県大村市
開港年
1975年5月
ICAO・IATA
RJFU・NGS
面積
1.74㎢
滑走路
3000m×60m

1975（昭和50）年、長崎県大村湾上に長崎空港が開港した。高度経済成長で日本の国際的地位が高まり航空輸送が発展する中、世界初の海上空港として話題を呼んだ。

建設計画が開始されたのは、1960年代後半のこと。長崎県では航空旅客数の急増が予測されており、既存の空港に変わる大型ジェット機の乗り入れが可能な「計器飛行対応空港」を整備する必要があった。電波装置によって滑走路との位置情報を測定する「計器飛行」に対応するためには、電波を遮るものがない、広い土地が求められた。

その条件を満たしていたのが、箕島《みしま》だ。ジェット機の誘導に必要なスペースが確保できるだけでなく、島を切り崩した際に産出される土や岩石を再利用して周囲の海を埋め立てることで、建設費が抑えられる。海上で市街地から離れているので、騒音問題の心配はない。航空機が飛行する際に障害となるものや市街地の灯りも少なく、国際空港に必須の24

時間運用体制を実施できる環境が整っていた。

当時の最先端技術でコスト減と高効率化を両立

箕島に居住していた全島民の移住が完了後、1971(昭和46)年12月に造成開始。山の土石を削る切土、海の埋め立て、水害を防ぐための護岸の各作業が進められた。一見するとシンプルな工程で、難点は見当たらないかもしれない。

しかし、切土量は東京ドーム16個相当の2000万㎥、埋立土量2400万㎥、埋立面積154万㎡、護岸の長さ7㎞、舗装面積36万㎡と、その規模がすごかった。

本来、作業としては埋め立てより護岸が先行する。しかし、調査の結果、地質が強度に優れた硬岩とわかり、土砂が流出して海水を汚す恐れがないため、埋め立てを先行。切り崩した岩石を再利用することで、建設費用だけでなく時間も大幅に削減できた。海上への投入時には、新たな工法である「モービル・ジェッティ工法」を採用。移動式の浮き桟橋を造り、そこからダンプトラックで運んだ岩石を直接海中に投じることで、積み替え作業が不要になり高効率な作業が実現した。

埋め立てが中盤まで進むと、護岸も同時に進行。大村湾は湾の開口部が狭く水深が浅い

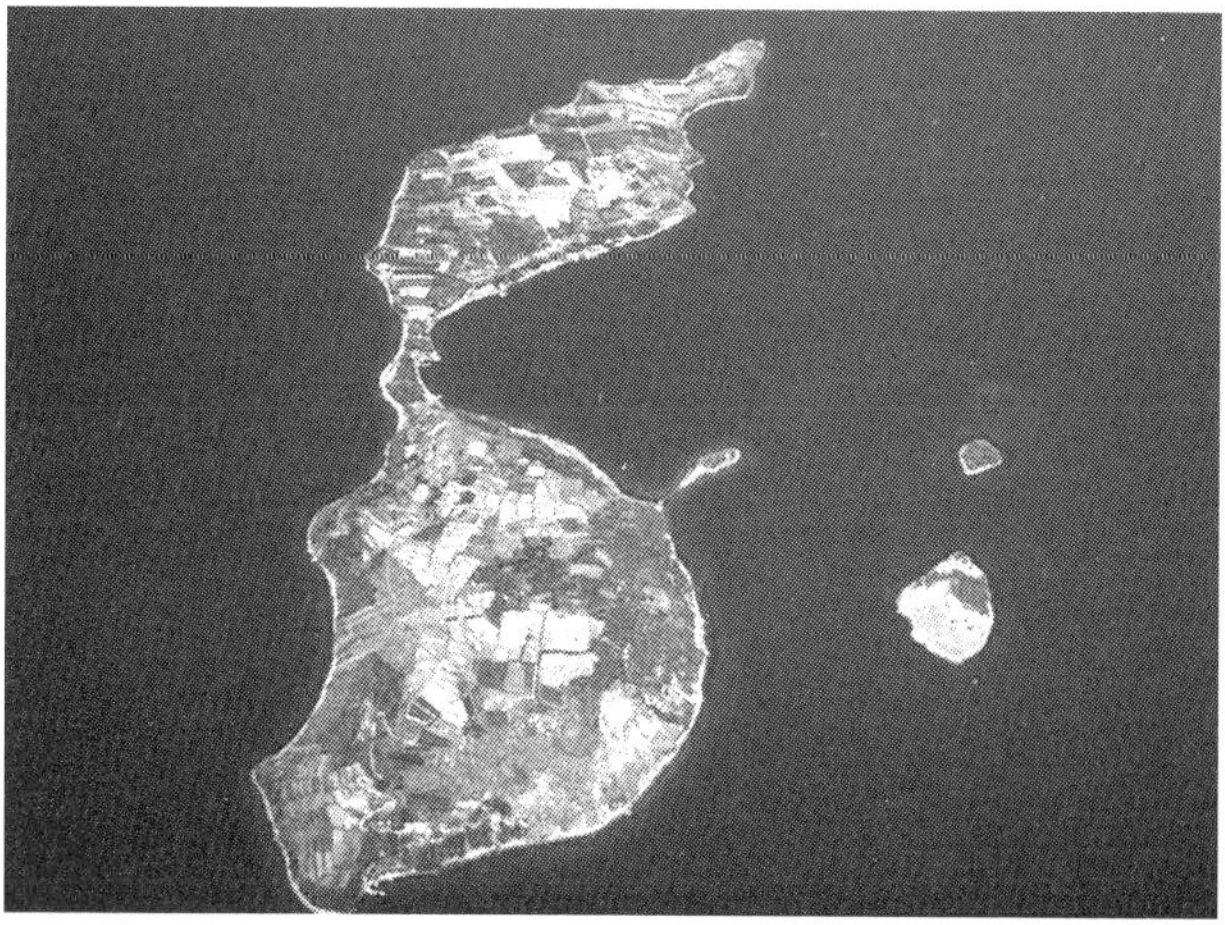

工事着工前の箕島(写真：国土交通省九州地方整備局)

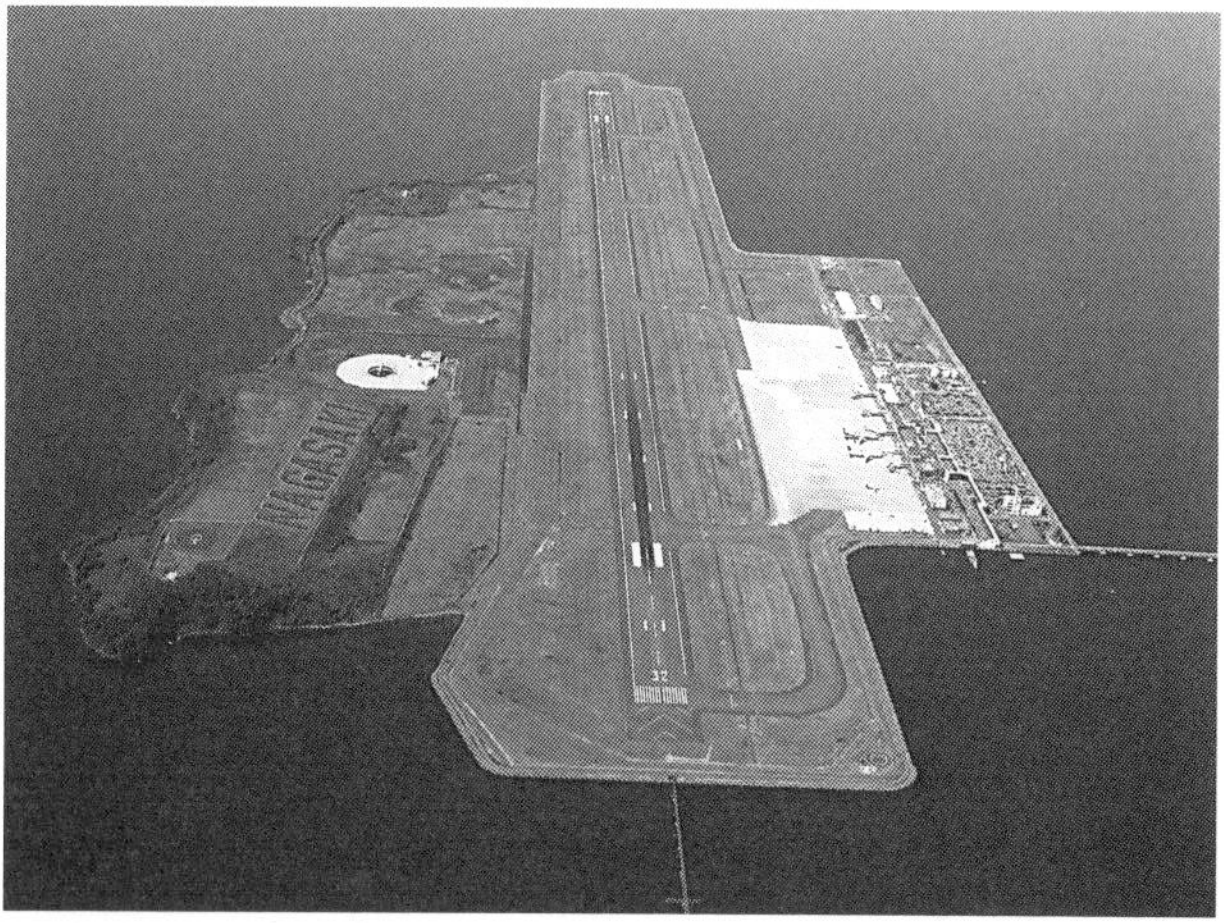

開港後の長崎空港(写真：国土交通省九州地方整備局)

ため、干満の潮位差がわずか90㎝ほど。高波が発生しにくいと想定され、護岸の高さは低めの２・17～３・67ｍに設定された。他の海上空港の一例をあげると、大阪湾の神戸空港の場合、護岸高は５～７・５ｍとなっている。この工程でも、モービル・ジェッティ工法が一役買っている。１９７３（昭和48）年12月からは空港の基本施設となる滑走路、誘導路、エプロンの工事が始まったが、ここでも埋め立て時と同様に、島から掘削した岩石を利用した。

　このように、岩石の再利用はあらゆる場面で徹底して行われた。埋め立て材の約８割は、切り崩した岩石でまかなったというから驚きだ。舗装などに使う粗骨材《そこつざい》にまで、それを活用していた。粗骨材とは、コンクリートを作るためにセメントや水と混ぜ合わせる石のうち、５㎜以上のもののこと。長崎空港の建設工事では、約50万㎥が使用された。そのうちの一部は現地調達した岩石だった、というわけだ。

　１９７４（昭和49）年12月に開港予定が、オイルショックによって工期が長引くなどのハプニングもあったが、翌年の５月に開港を迎える。当時の最先端技術が「コスト縮減」と「高効率化」を両立させ、世界初の海上空港を造り上げたのだった。

宮崎空港

経済効率と環境配慮を両立させつつ空港と港の巨大工事を同時に遂行

所在地
宮崎県宮崎市
開港年
1954年10月
ICAO・IATA
RJFM・KMI
面積
1.77km²
滑走路
2500m×45m

1960年代の新婚旅行ブームによる乗降客の増加もあり、1970年代にはジャンボジェット機が就航できるように、滑走路を延伸することになった宮崎空港。まずは、1500mから1800mとなり、さらに1900mまで延びたのが1979（昭和54）年。より安全な離着陸を実現するため、2500mへと延伸する計画が浮上する。

しかし、周辺の陸地にはすでにJR日南線や有料道路などが走っていたため、空港に接する海面を650mにわたって埋め立てることを決定した。

空港の建設や拡張工事が埋め立てを伴う場合、大量の土砂が必要になる。宮崎空港の場合、約190万㎥もの土砂が必要と試算された。さて、これだけの土砂をどうやって調達するか――。

偶然にも、その頃、空港のある宮崎市を流れる大淀川の河口に、宮崎港を建設する工事が行われていた。もともとあった小さな港を、大型貨物船なども発着できるように砂州を開削する浚渫《しゅんせつ》工事で、大量の土砂が発生する。ならば、この土砂を宮崎空港の埋め立て工事に利用すればいい。

そうすれば、宮崎港の開港工事で発生した土砂を処分できると同時に、宮崎空港の延伸部を造るため海を埋め立てる際に必要となる。良質な土砂を手にすることにもなる。土砂は廃棄場所が必要なくなり、新たに山を削ったりして確保する必要もない。こうして、経済効率もよく、かつエコの観点からみても有益な、土壌の有効活用方法が実現できることになった。

111ページの写真を見るとわかるように、宮崎空港と宮崎港は、大淀川を挟んで南北に隣り合う位置にある。距離は約5㎞。この間の土砂の運搬方法も、ほかに類を見ない方法が採用された。両者をパイプラインで直接結んでしまったのだ。工事現場に大量のダンプカーがひっきりなしに出入りし、周辺道路を繰り返し往復する。そんな光景とは無縁のまま、大量の土砂を運ぶことができた。大淀川の河口付近では、流れを変えてしまわぬよう、パイプラインは約240mにわたって沈設された。ここでも、自然環境への配慮はきちんとなされていた。

（写真：国土地理院の空中写真［2017年撮影］）

海岸工事ならではの難関を乗り越え7年かけて完成

空港内、埋め立て現場の様子も見ておこう。１９８３（昭和58）年、まず、海に埋立地を囲む護岸を造成する工事から開始した。海中工事ということもあり、水際の浸食を防ぐことも大切になる。

この宮崎空港の延伸工事では空港の機能をストップすることなく稼働させたまま行うため、夜間の作業が中心となった。延伸部は海に突き出ているため、波が高いと作業は難しい。そのため、通年は難しく、冬の比較的波の動きが穏やかな年間３～４カ月のみに限られていた。

ケーソンを備え付ける工事は、特に高波の影響を受けやすかった。ケーソンとは、埋め立ての際の海中の基礎となる、コンクリートや鋼でできた箱状の構造物のこと。約70㎞離れた細島港《ほそしまこう》より、２０００馬力の曳き舟を使用し16～19時間かけて船で運んだ。備え付けるまでの一連の作業に３日を要する。そのため、波高０・５㎞以下が３日以上続く期間に施工された。

こういった多くの困難をも克服しながら、着工から約7年を経てようやく、１９９０（平成2）年、２５００ｍの滑走路が誕生したのだった。

奄美空港

可能な限り美しき海を残す サンゴ礁と白浜を護った建設術

所在地
鹿児島県奄美市
開港年
1988年7月
ICAO・IATA
RJKA・ASJ
面積
1.1㎢
滑走路
2000m×45m

1988（昭和63）年、約200億円の建設費をかけて完成した奄美空港。そこはサンゴ礁と白い砂浜の海。いったいどうやって、奄美ならではの海洋環境と同居しながら、空港建設を実現したのだろうか。

元々、現空港より南方約2㎞の位置に奄美空港はあったが、滑走路が1200mほどで、中型ジェット機の離着陸もままならなかった。ゆえに新空港が必要になったのだが、その際、自然との調和、環境保全に重点を置いた計画が立てられた。

新空港は「奄美群島国立公園」内に位置しており、鹿児島県は着工に先立って環境アセスメントを行っている。環境へ及ぼす影響を事前に調査して予測・評価を行ったということは、鹿児島県も環境保全の意識が非常に高かったことが窺える。これにより、奄美空港の建設工事のひとつの指標が設けられたといえる。

されていた。

汚染防止と効率を両立させる埋め立て術

海洋環境を守る上で重要なのは、まず汚染対策。工期中は水質管理を徹底し、汚濁防止に努めた。また周辺海域では、サンゴ礁や海の汚濁を監視する環境調査も、定期的に実施されていた。

建設工事の着工は1983（昭和58）年。新しく奄美空港が造られることになった場所は、干満による潮位差が約2mあり、干潮時には沖合600mほどのサンゴ石灰岩が見られる。サンゴ礁は複雑に入り組んだ溝や空洞が多いため、施工前に切りならしが行われた。さらに、岸壁を保護するために配置する消波ブロックは、台風などに備えて25〜50tのものを設置した。

その後、海上に空港本体の地盤を造る。一方で汚染を防止しながらも、他方で経済性と工期短縮を実現するために、「ブロック施工方式」を採用。まず、外海と埋め立て地を遮断してから、内側を埋め立てていく工法だ。

実際の工事では、最初にブロックの一番陸側に高さ4mほどの陸側護岸が造られた。次いで、陸側護岸の左右の端から沖に向かって中締切堤《しめきりてい》が伸びていった。そして最後に、沖側護岸で2つの中締切堤を塞ぐ。こうして1つのブロックが完成する。このようなブロッ

空港周辺にはサンゴ礁が今も周囲に残る

クを4つ造り、順次それらの内部を埋め立てていった。

もともと、風の問題。奄美は気候的な制約も多い。まず、夏から秋にかけては台風の通り道としても有名で、冬にも強力な季節風が吹く。さらに、多雨。年間の降雨量は3000㎜を超えることもある。計画ではそれらも想定していたが、案ずるより産むが易し。工事期間中に大規模な台風や大雨の被害を受けることはなく、大きな遅れも生じなかった。

海中で削った土壌も可能な限り回収

1985（昭和60）年からは、用地の埋め立てがスタートする。作業は堤内の水をポンプで排出し、海水による埋め立て地盤の密度低下を少なくすることで、作業効率を高めることができた。用地の広さは110万㎡、埋め立て土量は480万㎥にのぼった。埋め立て用の土は建設地から近い3つの山が土取り山に設定された。運搬をスムーズに行うため、延長1440m、幅7mの専用道路も新設され、順調に埋め立て工事も完了した。

空港に飛行機を安全に導くために不可欠な進入灯の設置工事では、下部に切り刃を取り付けた巨大なハンマー自体の重さで地盤を掘削する「重錘式《じゅうすいしき》掘削工法」を採用。この工法が採用されたのは、削った土を回収しやすいので、環境保護の観点からみても大きなメリットがあったからだ。

空港という巨大施設を建設する以上、既存の自然環境への影響をゼロにすることはできない。また、建設にあたっては当然、経済効率も考慮される。早く、無駄なく、滞りなく建設を進めることが求められる。

それらの制約がある中で、奄美空港の建設においては、可能な限り環境保全を意識した工法が随所で採用されることとなった。空港建設による利便性と、自然環境への配慮。相反する両者を最大限成り立たせる工夫が、この空港の建設の経緯から学べるのではないだろうか。

下地島空港

住民同士の激しい対立を経て「まるごと空港島」が生まれた

所在地
沖縄県宮古島市
開港年
1979年7月
ICAO・IATA
RORS・SHI
面積
3.615㎢
滑走路
3000m×60m

宮古島から約9㎞の沖合に浮かぶ離島・下地島《しもじしま》の存在は、航空ファンの間ではよく知られている。下地島空港には2019（令和元）年、日本で最も新しい定期便航路が誕生。1980（昭和55）年～1994（平成6）年には民間利用もあったが、利用客が少なく廃止。以降は、国内唯一の「パイロット訓練用飛行場」に。ジャンボジェット機の「タッチ・アンド・ゴー」が頻繁に見られるため、撮影スポットとしても人気を博していた。

かつてそこには牧場が広がっていた

開港は1979（昭和54）年だが、空港建設の話が降って湧いた時期は、さらに10年ほど遡る。1960（昭和35）年代後半、航空需要の高まりに応じて、ジェット機を操縦できるパイロットの養成が急務となったが、日本国内にはその訓練ができる空港がなかった。

そこで、下地島が候補地のひとつに選ばれた。

地元民でも、「空港ができる前の下地島の風景は?」と聞かれて、答えられる人はほとんどいないだろう。島への定住が始まったのは1942（昭和17）年と、案外最近の話。それまでは、主に隣接する伊良部島《いらぶじま》住民の牧場として利用されていたという。それは下地島の地形が平坦であり、家畜の飼料となる茅《かや》が豊富にとれたからだ。両島はもともと1つの島で、今も6つの橋で結ばれており、両者を隔てる海峡はわずか10数mしかないところもあるほど隣接している。当時は両島で1つの自治体、伊良部村を形成していた。

1968（昭和43）年、運輸省が宮古列島と八重山《やえやま》列島の複数の島を視察した結果、最適と判断されたのが下地島。翌年3月には、村議会が空港誘致を議決するが、建設はスムーズには進まなかった。

地元民が分裂し殺人事件まで発生

当時の沖縄は、日本返還前のアメリカ占領時代。折しも、ベトナム戦争が激しさを増していた時期で、沖縄の米軍基地からも連日、ベトナム空爆のために爆撃機が飛び立っていた。そんな世情で「新空港建設」となると、「この空港も軍事利用されるのではないか?」

1959（昭和34）年に撮影された伊良部島（写真手前）と下地島（写真奥）
（写真：サムエル・H・キタムラ／宮古島市総合博物館）

という声が上がるのも当然だった。

伊良部島では、空港賛成派と反対派の住民が対立。開発による町の発展を期待し、下地島に近い農村ではほとんどが誘致賛成だった。逆に、建設予定地から最も離れた佐良浜の漁民たちは、海への影響を心配して猛烈に反対した。対立は日を追うごとに激化し、ついに1969（昭和44）年9月20日には、賛成派が反対派を殺害する事件まで発生してしまった。

米軍統治下の沖縄の統治機構だった琉球政府の方針は揺れに揺れるが、最終的には空港誘致の方向に決定。しかし、ここまでこじれてしまった状況を解決するのは容易ではない。

1971（昭和46）年8月、琉球政府行政

航空灯火が並ぶ赤い桟橋と青い海のコントラストが印象的な下地島空港

主席だった屋良朝苗《やらちょうびょう》氏は、政府との覚書を交わす。

・下地島飛行場の所有、管理、使用方法の決定は琉球政府が行う

・日本政府は、民間航空以外の目的に使用することを琉球政府に命令する法的根拠を持たない

以上の点が明記された、俗に「屋良覚書」と呼ばれる文書だ。さらに、下地島の土地はすべて国が買い取ることになった。

こうしてようやく、下地島空港の建設にゴーサインが出た。建設工事の着工は1972（昭和47）年4月。沖縄がアメリカから日本に返還される、わずか1カ月前の出来事だった。

新石垣空港

白保の美しいサンゴ礁は護られ建設発表から30年後に新空港誕生

所在地
沖縄県石垣市
開港年
2013年3月
ICAO・IATA
ROIG・ISG
面積
1.42㎢
滑走路
2000m×45m

2013（平成25）年に新空港が開港した石垣島。この島の沿岸には、世界有数の美しいビーチとサンゴ礁が随所にあるが、その筆頭にもあげられるのが白保《しらほ》海岸。実は、それが空港建設によって失われていた可能性があった。実に30年以上にもおよぶ、計画から開港にいたるまでの歴史を振り返ってみよう。

世界でも稀に見るリーフに迫る危機

旧空港が手狭になったこともあり、石垣で新空港の建設が発表されたのは1979（昭和54）年のこと。まず候補地に上がったのが、白保海岸の沖合だった。

世界最大級ともいわれる、アオサンゴ群落。それを潰してしまうのかと、地元住民を筆頭に全国の支援者や自然保護団体、研究者などから反対の声が上がった。一方で、当時の

約70種類ものサンゴが生息する白保海岸(写真:©WWFジャパン)

石垣市長・内原英郎《うちはらえいろう》は「サンゴでは食っていけない」と発言していた。新空港推進の立場だった。

1988(昭和63)年、IUCN(国連自然保護連合)は白保海岸のサンゴ礁は世界でも稀に見る良好な生態系であることを認め、新空港建設ではなく現空港拡張案を提言。同年には、日本自然保護協会も調査を実施し、「新石垣空港建設計画の再考に関する要望書」を提出。これらの反対運動の高まりもあり、白保海岸への空港建設は白紙となった。

その後も、新空港の建設予定地は簡単には定まらなかった。冨崎野案、カラ岳東案、宮《みや》良《ら》案、カラ岳陸上案と、4つの地が検討されたものの、二転三転した。

新石垣空港の建設候補地位置図

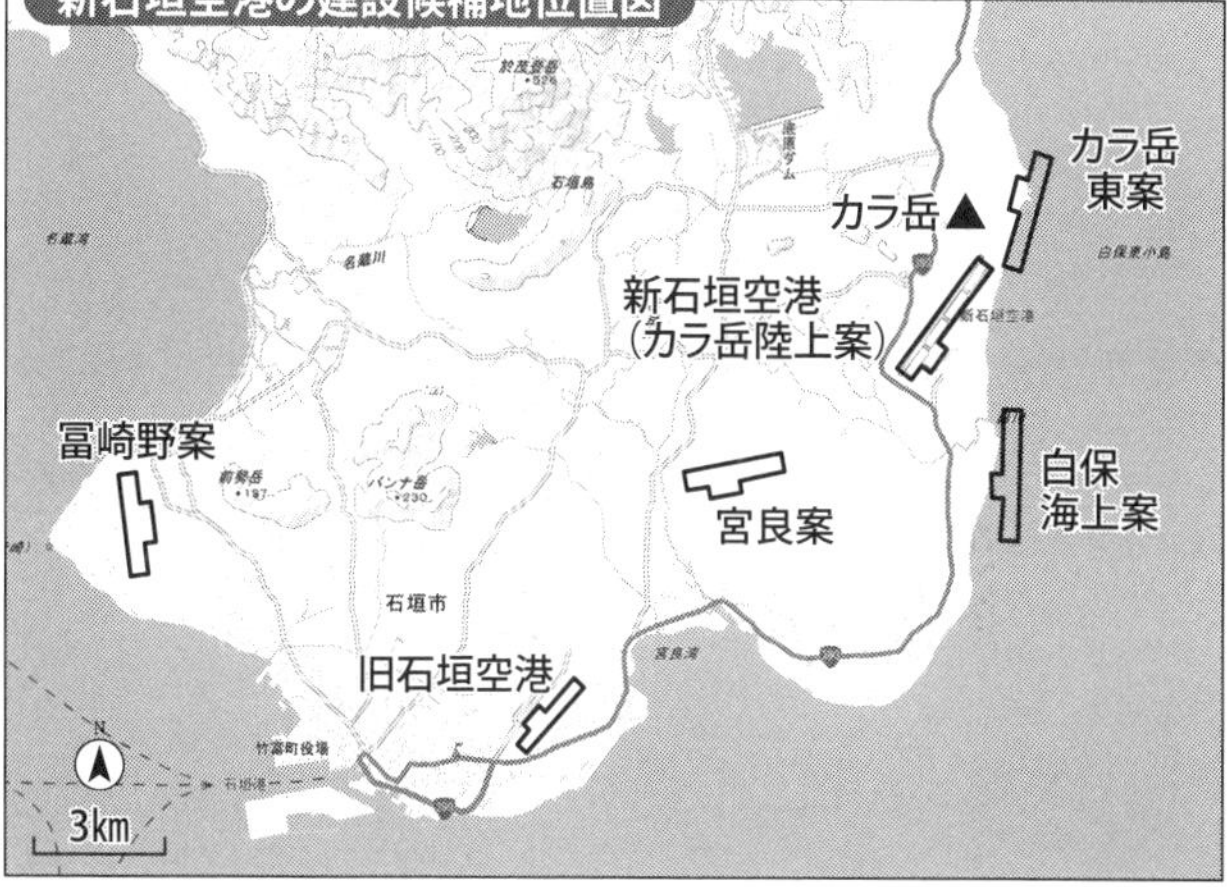

建設候補地は、空港計画としての妥当性・環境の保全・農政上の課題を中心にして、比較検討された。海域の埋め立ては行わないことを必須条件に、潰れ地が少ないことも考慮され、最も望ましい建設位置として「カラ岳陸上案」が選定され、県知事へ提言された。これを受け、2000（平成12）年にようやく建設地が決定した。

建設中も開港後も常に生態系へ配慮

2006（平成18）年に用地取得を経て建設予定地で起工式が行われ、2007（平成19）年以降に工事がスタートした。

しかし、この建設地では天然記念物や希少種の生息が確認されていた。そのために、地元の自然保護団体を含む学識経験者による団体「新石垣空港建設工法モニタリング委員会」が誕生。赤土等流出防止対策への提言などが行われた。

同団体からは、表土保護工や流出抑制対策のほか、濁水を海域へ直接出さない仕組みの確立や、地下水の保全対策など具体的な工法の提案もあった。空港建設による現況の変化を可能な限り抑える方向での提案を踏まえて、対策案を検討した上で、実際の工事は行われることになった。

開港後も、環境に配慮する姿勢は変わらず続いた。空港建設地内で確認された貴重な植物の一部は事業実施区域周辺の適地に移植された。また、空港建設により重要な水辺環境を消失させることもあるため、オオハナサキガエルをはじめとする水生生物や水辺を好む植物に関わる環境保全対策として、生息空間となるビオトープを造っている。建設地周辺に生息していたコウモリに対しても、保全対策として人工の洞窟を設置。採餌場や移動経路の緑化にも取り組んでいる。

ひとつボタンをかけ違えていれば、世界でも稀に見る「環境破壊空港」となってしまう可能性もあった新石垣空港。30数年と多大な年月を費やすことになったが、その代わりに得たものは大きいといえる。

徳島飛行場

日本有数の大河の河口に水上空港が存在していた！

所在地
徳島県松茂町
開港年
1962年10月
ICAO・IATA
RJOS・TKS
面積
1.91㎢
滑走路
2500m×45m

機体の下に、車輪の代わりに細長いフロートがあったり、胴体の下部がゆるやかな曲線になっていたりする飛行艇は、滑走路ではなく水上から発着できる特種な飛行機。かつて、この飛行艇限定の飛行場が、四国に存在した。その場所は、徳島県徳島市を流れる吉野川の河口付近にあった。

日本初の定期航路を飛んだのは飛行艇だった

1922（大正11）年、日本初となる定期航路が徳島〜堺間に開設され、その一番機が飛び立った。

その飛行艇を所有していたのが、日本航空輸送研究所。徳島県生まれのタクシー会社社長・井上長一氏が立ち上げた民間航空会社だ。海軍から国産飛行艇の試作機を払い下げで買い取り、大阪府堺市にあった大浜水上飛行場から徳島への路線をスタートしたのだ。なお、当時の徳島側の発着場所は、吉野川の支流の河口・津田川口（現在の徳島市津田町付近）と、南隣の小松島市にある横須海岸だった。

つまり、日本初の定期航空路は通常の飛行機ではなく、飛行艇によって結ばれ、その発着のための空港は2カ所とも、水上飛行場だったのだ。

日本航空輸送研究所はその後、大浜から大阪市大正区の木津川河口に拠点を移転しながら、新たな航路も生まれるなど発展を遂げる。しかし、時代は戦時体制で、軍事国策統合会社「大日本航空」も発足。国策には逆らうことができず、1939（昭和14）年に廃業へと至った。

徳島ではその後も、開港から40年後の1962（昭和37）年まで、陸上ではなく水上の飛行場が利用され続けた。1941（昭和16）年にはすでに陸上に滑走路が設置されていたが、軍用であったためだ。現在の徳島空港のある場所にできた、海軍航空隊の基地の滑走路である。この基地は戦後、連合軍に接収されたのち、1958（昭和33）年に返還され、防衛庁が整備し、海上自衛隊の航空基地として利用されるようになる。

戦後は吉野川大橋南詰が飛行場に（写真：徳島県立文書館）

戦後も名飛行艇が水上飛行場を発着

１９５７（昭和32）年、のちにＪＡＬ（日本航空）と経営統合するＪＡＳ（日本エアシステム）の前身、日本観光飛行協会が徳島～大阪間で運航開始。徳島側では吉野川大橋南詰から水面に発着しており、大阪側でも堺港を使っていた。飛行艇が再び、徳島～堺間を結ぶことになったのだ。運航再開の日、発着場や吉野川橋は約５００人の見物客でにぎわったという。当初、堺市の水上飛行場を9時と16時の２回出発し、徳島側からは10時と17時に出発。往復２便体制となっていた。片道の所要時間は約35分だった。

使用されていた機体は、デ・ハビランド・カナダ（現在のボンバルディア・エアロス

1983(昭和58)年の現・徳島空港(写真：徳島県立文書館)

ペースト)社製のDHC–2ビーバー。翌年の1958(昭和33)年には、同社の後継機であり、世界最大の単発機といわれたD・HアッターDHC–3型水陸両用機、通称つばめ号に切り替えられた。座席は14席とほぼ3倍増となった。さらに、定期便の大阪側が八尾空港、次いで大阪空港となったこともあり、発動機を2基備えるグラマンマラード水陸両用飛行機が導入されることになった。

先にあげた海上自衛隊の航空基地が、民間も共用となるのは1962(昭和37)年のこと。こうして徳島空港は陸上空港となり、吉野川河口を利用した、世界でも稀な定期便の飛ぶ水上空港は、その歴史に幕を閉じたのだった。

第4章

ローカル空港——設備・運営の謎

青森空港

豪雪地帯だけに万全の体制 除雪隊「ホワイトインパルス」のスゴ腕

所在地
青森県青森市
開港年
1964年11月
ICAO・IATA
RJSA・AOJ
面積
2.41㎢
滑走路
3000m×60m

冬になると、大雪によって運航への影響が出てくる北海道や東北地方の空港。雪が降ると視界が悪くなり着陸が難しくなったり、滑走路への積雪によってブレーキの効きが悪くなったりするが、豪雪地帯ではその影響も甚大となる。滑走路や誘導路上に雪が降り積もった際には、急いで除雪を行い、パイロットが滑走路や航空灯火類をはっきり視認できるようにする必要があるが、雪国の空港の現場では、いったいどんな対応がなされているのだろうか。

青森空港は北海道や東北地方の空港の中でも、有数の豪雪地帯に位置する。降雪の多い年には、累計降雪量が10mを超えることもあるほど。これだけ大量の雪が降るなかで、飛行機の運航を正常に行うことはさぞ難しいに違いない。

1日約50便程度が離着陸する同空港。毎年、冬の季節は大雪による欠航便が目立つのかと思いきや、除雪作業の遅れによる欠航便は、これまでに発生したことがないという。

120人の作業員と37台の車両で高速除雪

実は青森空港には、当地の雪の状況を熟知した「ホワイトインパルス」と呼ばれる専任の除雪隊が存在する。航空自衛隊のブルーインパルスになぞらえて、2013（平成25）年に青森県によって命名された。

約120人の作業員が在籍しているが、そのうちの半数以上が近隣の農家の人たちだ。雪の影響で冬期は農作業を行うことのできない農家にとって、ホワイトインパルスにおける除雪作業は、冬季における貴重な収入源にもなっている。ホワイトインパルスは、積雪3㎝以上で出動し、航空機の離着陸の合間をぬって作業を行う。1度の除雪作業で6種類合計37台ある車両を駆使して、3000m×60mの滑走路や周辺の誘導路・エプロンを除雪してゆく。

滑走路自体の除雪については、片側幅30mずつ往復で行い、排雪板をトラックに取り付けた「スノープラウ」、スノープラウでは取り切れない雪や氷を吹き飛ばす「スノースイーパー」、大型の「プラウ付スイーパー」の計10台が、斜めに並ぶようにして隊列を組み除雪作業を行う。これらの車両は、時速約60㎞程度で走行。排雪板にはゴムを取り付け、タイヤチェーンは装着しないなど滑走路の路面を傷つけないための工夫も行われている。

そのほかにも、凍結防止剤を散布する車両や、除雪によって滑走路の端に寄せられた雪をさらに遠方へと飛ばす「ロータリ車」、前輪と後輪の間で車体が折れ曲がる構造になっているため、小回りがきく「ホイールドーザー」を効率よく使い分けることで、除雪作業を円滑に進めている。青森空港で必要な除雪面積は、東京ドーム約12個分の大きさとなる約55万㎡で、この広さを通常約40分で除雪してしまうというから驚きだ。

なかには人力でなければ除雪作業ができない箇所もある。それが、滑走路周辺に存在する航空灯火類だ。重機を使用して除雪を行うと、設備を破損してしまう恐れがあるため、人力で丁寧に雪を除いてゆく。作業は重機で除雪を行うチームと分担して行われる。パイロットがはっきりと視認できる程度まで念入りに除雪を行い、さらに滑走路上に落下物がないかを確認。航空機運航の安全にも万全の配慮だ。

欠航や遅延の原因となる大雪だが、青森空港ではホワイトインパルスの活躍を目にすることができるチャンスでもある。ちなみに、通常朝7時30分から行われる一斉除雪は、その様子を空港内にあるモニターでも見ることができる。

滑走路では3種類･10台の車両が斜めに隊列を組む
（写真：青森空港管理事務所）

500灯以上の灯火周辺を丁寧かつ迅速に作業（写真：青森空港管理事務所）

釧路空港

最新鋭の高精度設備の導入で濃霧が阻む離着陸を劇的に改善

所在地
北海道釧路市・白糠町
開港年
1961年7月
ICAO・IATA
RJCK・KUH
面積
1.6㎢
滑走路
2500m×45m

釧路空港周辺では霧が発生することが多く、かつて多くの欠航便が生じていた。その原因は、暖かく湿った空気が海面で冷やされたときに生じる海霧《かいむ》。その影響を春先から夏にかけて受けることが多いのだ。海霧が発生すると、周辺の視界が悪化するため、釧路空港の運航に大きな影響を及ぼし、視程不良の際は運航便の欠航もしくは目的地変更を余儀なくされるケースが多発していた。

霧対策の立役者「ILS」とは？

この状態を解決すべく、釧路空港はＩＬＳ（計器着陸装置）の空港側施設の技術レベル向上に踏み切った。ＩＬＳとは、航空機が着陸の際に自動操縦機能のひとつとして使用するシステムで、視程（どれくらい見通せるか）が基準に満たないでも着陸可能となる条件

濃霧の釧路空港（写真：国土交通省東京航空局釧路空港事務所）

が緩和される。

空港付近の地上施設から航空機へと電波を発信することで、水平および垂直方向の誘導を行い、機体から滑走路が視認できないような場面においても、航空機を安全に滑走路まで案内する仕組みだ。ＩＬＳを運用するには、特殊な設備が必要になる。滑走路反対側の端で機体の向きを適正に誘導するローカライザー、着地までの降下経路を誘導するグライドパス、滑走路までの距離を知らせてくれるマーカービーコンだ。

ＩＬＳはその精度によってさらにカテゴリー分けがされており、「ＣＡＴ−○」という形で表される。例えば釧路空港では、かつてＩＬＳの中でも最も低いカテゴリーとなる

ＣＡＴ－Ⅰのみに対応していた。空港周辺の気候を考えると、十分とはいえない精度。そこで、カテゴリーの高いＩＬＳであるＣＡＴ－Ⅲの設置が検討されることとなったのだが、導入にはＣＡＴ－Ⅲ用の地上施設、機上装置、航空機乗務員の資格保有、導入による運航方式の更新などの様々な条件をクリアする必要があった。

数年で霧による欠航が10分の1に

釧路空港でＣＡＴ－Ⅲが導入されたのは１９９５（平成７）年10月。同じく、濃霧による運航への支障が問題となっていた熊本空港でもＣＡＴ－Ⅲの導入がほぼ同時に進められており、日本各地で導入が検討されている時期であった。ＣＡＴ－Ⅲに対応する機体やパイロットの育成も行われ、運用のために求められていた条件をクリア。機体に搭載されている機材がＣＡＴ－Ⅲに対応していることが大前提となるが、こうして海霧発生時の就航状況は大きく改善された。

釧路空港の年間運航便数は８０００～１万便程度。ＣＡＴ－Ⅲが導入される１９９５（平成７）年より前までは、年間の欠航便数は３００便を超えるほど濃霧による影響が顕著で、４・１％の欠航率だった。しかしＣＡＴ－Ⅲ導入後、年間の欠航便数は20～40便程度まで

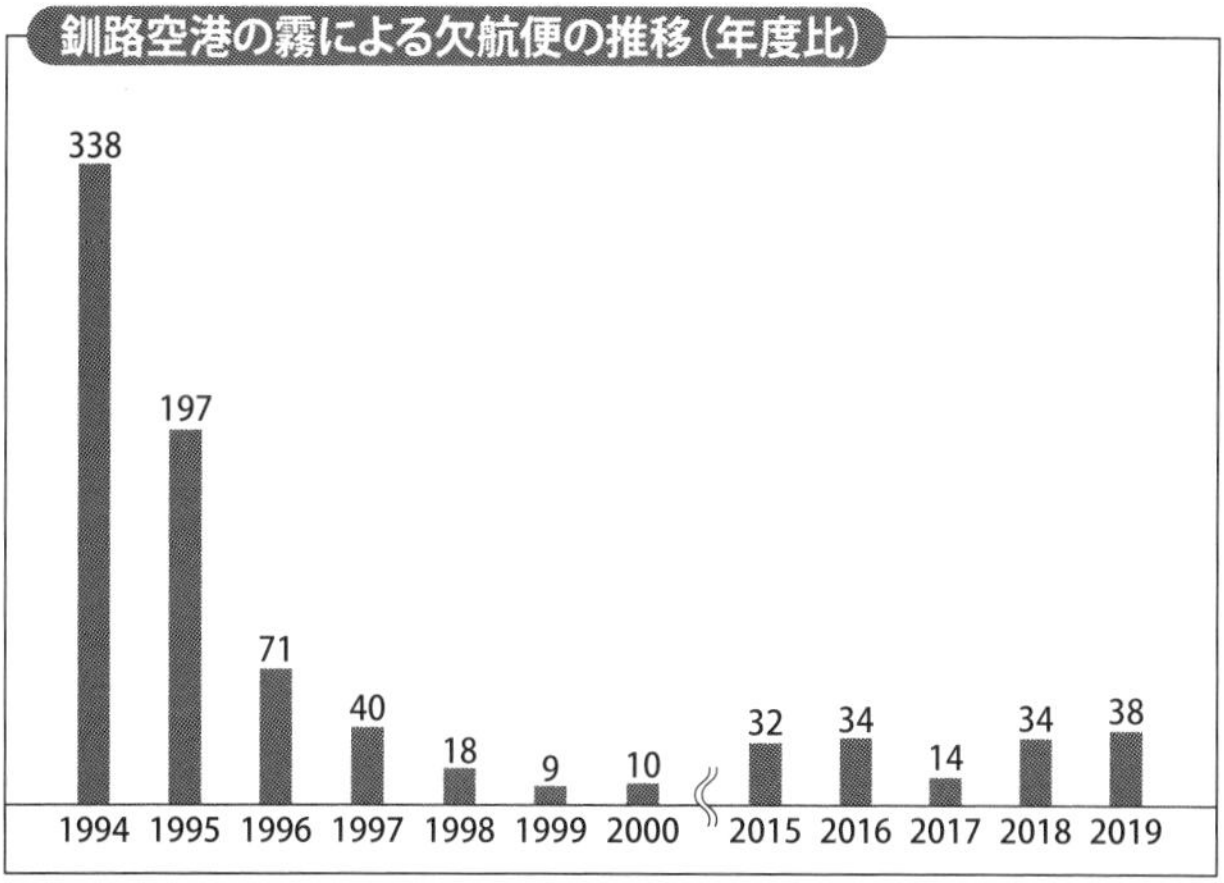

※国土交通省北海道開発局釧路開発建設部（https://www.hkd.mlit.go.jp/ks/kusiro_kouwan/qgmend0000000950.html）の図を一部加工

の削減に成功。２００６（平成18）年にはさらに精度を向上させ、50ｍ程度の視程でも着陸が可能になり、２０１８（平成30）年には欠航率０・１％を達成した。

日本国内においてCAT－Ⅲに対応している空港はまだまだ少ない。釧路空港のほかに導入しているのは、熊本空港や成田国際空港（成田空港）など6港。便数の多い空港においては、着陸許可を待つ機体が空港周辺に密集するのを避けるため、悪天候による視界不良時も次々と機体を着陸させなければならない。高精度のＩＬＳではコックピットからほとんど何も見えない場合も安全に着陸することができるため、空の渋滞緩和にも一役買っている。

富山空港

日本でただひとつの「河川敷空港」その意外な洪水対策とは

所在地
富山県富山市
開港年
1963年8月
ICAO・IATA
RJNT・TOY
面積
0.92㎢
滑走路
2000m×45m

富山県富山市の市街地からほど近く。神通川沿いの道に車を走らせると、川に沿うようにして河川敷に造られた滑走路が見える。ここはグライダーなどの発着場ではなく、れっきとした空港で定期便もある。滑走路の真横を流れるのは、岐阜県にある川上岳に水源を持ち、富山湾に注ぐ一級河川の神通川《じんずうがわ》だ。

富山空港が開港したのは１９６３（昭和38）年。富山県は、山岳地帯が多くを占める。富山湾の湾岸一帯には北アルプスに囲まれた富山平野が広がるが、空港を造れるような場所は限られていた。そこで、白羽の矢が立ったのが神通川沿いの土地だった。当初は１２００ｍの滑走路があり、プロペラ機によって東京、大阪、名古屋、新潟と定期便で結ばれていたが、南北に細長い敷地のため平行誘導路やローカライザーの設置が難しく、運航の制約が厳しかった。そうした理由から移転計画もあったという。しかし、周囲の山々から日本海へと

神通川に沿うように敷設された滑走路

強風が吹き降りてくることが多いため、川の上流から下流へと南北に滑走路を伸ばせば横風を受けにくく、離発着にも好都合というメリットも大きかった。

現在は、滑走路が2000mに延伸され、ジェット機が就航。国内線は羽田、新千歳に定期便が就航し、国際線では韓国のソウル、中国の大連、上海、台湾の台北に航路が設定されている。

洪水時には機器を避難させ滑走路を水没

「河川敷空港」としての一番の脅威は、神通川の増水などによる洪水被害だろう。河川敷内の空港関連施設の大半は、洪水発生時に流されて二次被害を起こさないために、退避させられるようになっている。距離灯、進入路指示灯、航空保安無線施設など、河川敷に設置せざるを得ない施設は洪水時には機能を停止し、河川敷の外の安全な場所に移され、あるいは流されないように倒されるのだ。航空機も同様に、状況により緊急避難場や他空港に移動することとなっている。実際の洪水時に距離灯などの撤去作業を確実なものとするため、毎年、作業訓練を行っている。

また、富山空港には洪水対策によってできた、日本一の設備がある。それは機体に旅客が乗り込むための搭乗橋「ボーディング・ブリッジ」。他の空港では長くても40m程度のものが一般的だが、富山空港のボーディング・ブリッジは可動橋約35m、固定橋約50mの合計約85m分もの長さがあるのだ。旅客ターミナルは洪水時にも冠水しないよう、堤防の内側に造られている。そこから堤防を乗り越え、河川敷にある航空機まで行けるよう、これだけの長さが必要になったのだ。

悩みのタネは「鳥」？　河川敷空港ゆえの苦労

河川敷空港の意外な問題もある。川の中州には餌を求める鳥が集まりやすく、航空機が鳥に衝突するバード・ストライク対策にも気を遣う必要がある。富山空港では2018（平

ボーディング・ブリッジが日本一長いのは堤防をまたぐため

成30）年、離着陸1万回あたりの発生件数が25回。これは全国で9番目で、富山空港では鳥の生息状況を把握し、立木伐採などのほか、空砲やクラクションで鳥を追い払う「バードスイープ」も積極的に行っている。

最後に、「河川敷にあること」とともに、富山空港の特色をもうひとつ。

「富山県総合体育センター」が併設されており、空港から1分で到達できる連絡通路も設けられているのだ。バスケットボールコートが2面ある大アリーナ、中アリーナ、卓球やビリヤードのできるコーナーなどがある大きな体育館のほか500席もの観客席と飛び込み台があるプールも。さらに宿泊施設まで設けられている。

福井空港

定期便はなくてもグライダーがある！知られざる北陸の人気空港

所在地
福井県坂井市
開港年
1966年6月
ICAO・IATA
RJNF・FKJ
面積
0.27㎢
滑走路
1200m×30m

北陸の空港といえば小松空港や能登空港、富山空港などが思い浮かぶが、実はあまり知られていないものの、福井にも空港が存在する。福井県坂井市の福井空港は、1966（昭和41）年に開港。開港から10年程度は、全日本空輸による東京国際空港（羽田）線を1日1～2便、名古屋や新潟にも就航していた。しかし、近隣の小松空港が滑走路延長によってジェット機に対応したことに伴って、需要が大幅に減少。1976（昭和51）年4月以降は、定期便が存在しない状況が続いている。

当時、1200mの長さの滑走路を保有する福井空港においても、滑走路をジェット機に対応するために2000mまで延長することを決定していた。しかし、この滑走路延長計画に対して地元住民は反対を表明。滑走路延長に関する計画は暗礁に乗り上げてしまう。さらに2000（平成12）年になると、公共事業の見直しが行われ、福井空港の拡張に関

1966（昭和41）年6月30日の福井空港開港式典（写真：福井空港事務所）

する計画もその対象となる。そして、地元住民の反発が強いこともあって、滑走路延伸計画を実行することは困難と判断されることになる。2001（平成13）年には、当時の福井県知事が滑走路延長を含む拡張計画の凍結を表明。北陸新幹線の開通や今後の福井への延伸も考慮すると、この凍結が解除される日はおそらく来ないだろう。

現在も、福井空港の滑走路は1200mと短いままであることから、日本国内の多くの国内線で就航するジェット機が利用することはできない。そのため、短い滑走路でも離着陸が可能な小型機や、ヘリコプターなどが利用する空港として活用されている。また、福井県警察のヘリコプターである「くずりゅう」と、福井県防災ヘリコプター「ブルーアロー」の拠点基地としても利用されており、通常時のパトロールや訓練のほか、水難や山岳事故での捜索や救助活動時などに稼働している。

滑走路があるおかげでグライダーがより高く飛べる

福井空港は、国内に97ある空港の中で唯一、グライダーが使用することのできる空港として活用されており、空港敷地内には、日本学生航空連盟の訓練所が存在し、県内外の大学航空部が頻繁に合宿地として利用している。日本国内におけるグライダーは、ウインチ曳航《えいこう》と呼ばれる、ロープで引っ張ることによる離陸方法が一般的だが、福井空港では、滑走路を備えていることもあり、小型機による曳航が可能。通常400mほどしか上昇することのできないウインチ曳航と比較して、さらに高い高度を飛行できることが魅力。グライダーの大規模な競技会も開催されている。

定期便が存在しない空港だが、1200mの滑走路での離着陸が可能な小型機であれば旅客便の運航も可能だ。これまでもチャーター便による運航が不定期ながら行われていた実績がある。北海道エアシステムのSAAB340や、時代を遡ると、2001（平成

福井空港では1年間の総着陸回数のうち半数がグライダーだ（写真：芳岡 淳）

13）年の福井県の国際交流事業「青年の翼」のために、ウラジオストク航空のＹａｋ40もチャーター便として飛来した。

２０２０（令和２）年9月には、県が宇宙航空研究開発機構（ＪＡＸＡ）の航空科学技術部門と協定を締結。滑走路の積雪や凍結状況をリアルタイムで把握するシステムの実証実験が、福井空港で行われることになった。２０２５（令和７）年度の実用化が目標とされているが、完成すれば世界初の技術だ。積雪時の遅延や欠航の低減につながるという。積雪の多い北海道でも実験が行われる予定だが、福井では異なる質の雪が降ることに加えて、定期便がないために離着陸が少なく実験がしやすい、という点が売りになった。

福岡空港

滑走路1本のみで国内4位の発着数
混雑解消の切り札に期待大

所在地	福岡県福岡市
開港年	1972年4月
ICAO・IATA	RJFF・FUK
面積	3.55㎢
滑走路	2800m×60m

九州の玄関口として知られる福岡空港。東京、大阪など、国内幹線のほかにも地方路線も多数。さらにアジアを中心とした国際線も就航しており、年間の発着回数においては国内第4位を誇る。近年は国際線の便数が大幅に増加し、特に、韓国や台湾を結ぶ近距離路線が急増。福岡空港とソウル（仁川）空港を結ぶ路線では、1日10往復以上もの便が運航されている。新型コロナウイルスによる影響を受ける前の2020（令和2）年1月時点で、22もの国際路線が存在し、盛況ぶりを見せていた。

発着数の増加を続ける福岡空港だが、これだけの発着数を誇りながら、滑走路が1本しか存在せず、離着陸を効率的にさばけていないことが問題となっている。国内におけるほかの大空港を見ても、東京国際空港（羽田空港）では4本、成田国際空港（成田空港）と関西国際空港では2本の滑走路を有している。福岡空港は発着数に対して滑走路の処理能力が限界に近づいている。

福岡空港では、滑走路が1本しか存在しない影響で、出発機は時に、着陸機が着陸を終えるまで滑走路の手前で待機する必要がある。タイミングによっては長時間待機を余儀なくされ、遅延が常態化しつつあった。

限られたスペースでの滑走路増設の実態

この問題を解決すべく、福岡空港は新たに滑走路を増設するか、別の場所に新空港を建設するかの選択を迫られた。地元住民からの意見も参考にしつつ、最終的には、滑走路増設によって需要増加に対応する案が採用となった。

新たに増設する滑走路は、現在の滑走路の西側に配置される計画で、長さは現在の滑走路より300m短い2500m。現在の滑走路との間隔は210mになる計画で進められているが、滑走路同士の間隔が狭いため、羽田空港や成田空港のようにほかの機体の動向に左右されない、独立した滑走路運用を行うことはできない。空港の立地上、都市部に隣接しているため、限られたスペースで滑走路を増設する必要があり、これ以上の間隔を確保することが不可能なのだ。

とはいえ、新滑走路が供用を開始することになれば、現滑走路と離着陸での使い分けが可能になるメリットはある。滑走路処理容量は従来の1・15倍になる計算で、新空港建設に比べれば効果が薄いが、低コストで空港の混雑を多少なりとも緩和できることは間違いない。新滑走路は2024（令和6）年の供用開始を目指して工事が行われている。

国土交通省の見解では、2035（令和17）年度の予想発着回数を年間21万3000回としている。近年増加を続ける格安航空会社の存在や、訪日外国人の増加による新規路線就航の急増が背景にあり、新型コロナの流行さえ収まればこの傾向は今後も続くことが予想されている。そして、供用開始直後は余裕があっても、将来的には改めて空港混雑による問題が生じてくるだろう。そうなった場合は、新空港の建設も改めて再検討が行われる可能性もある。

福岡空港は中心街から非常に近くビジネス客にとっても使いやすいことや、競合となる新幹線の存在もあることから、なかなか都市部から離れるという選択肢が難しいことも事実だ。

利用客数も発着便数も、増えることは空港にとってプラスだが、福岡空港はそれゆえに「嬉しい悲鳴」をあげている状態といえるだろう。

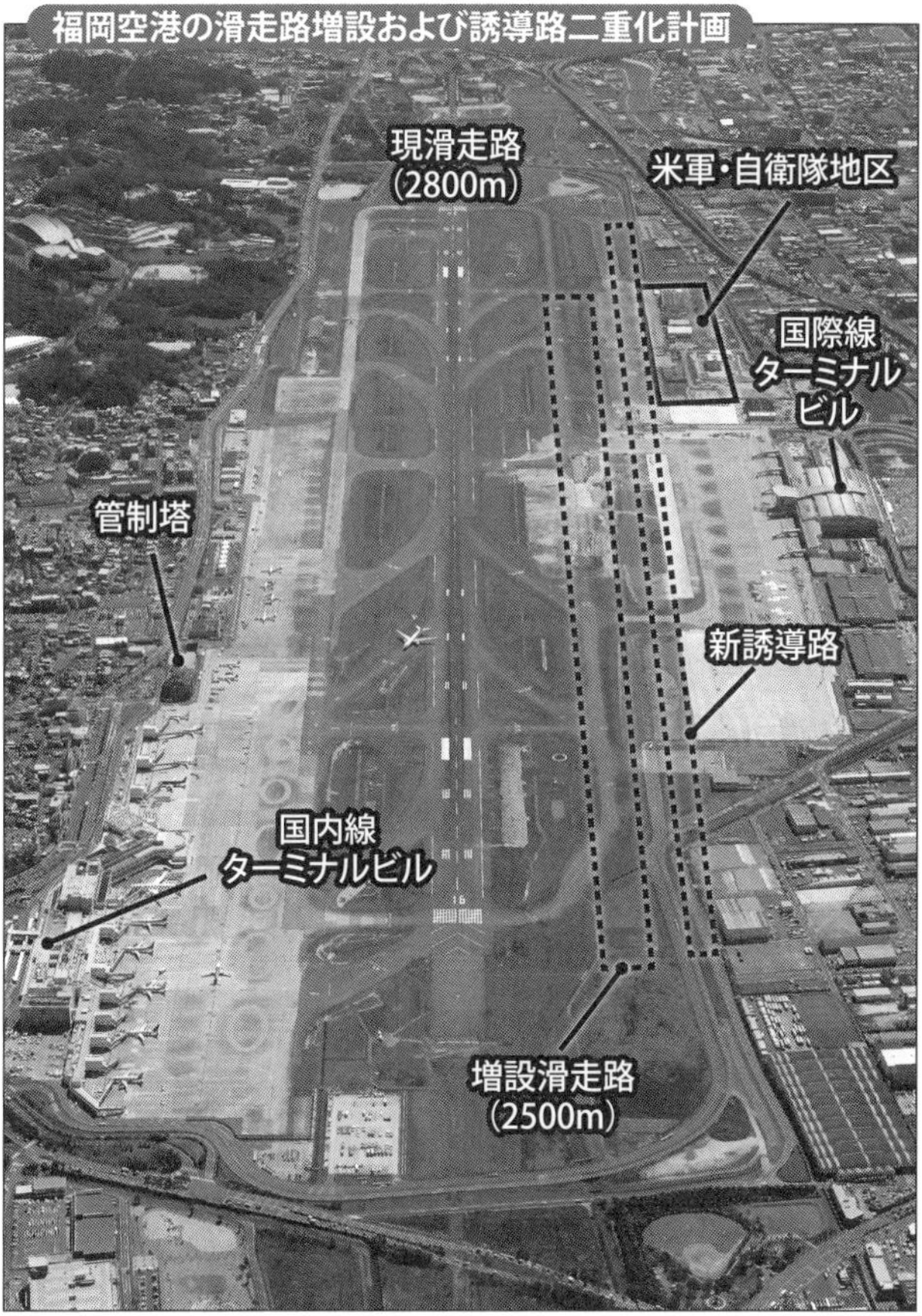

(写真：国土交通省九州地方整備局博多港湾・空港整備事務所)

大分県央飛行場

ブランド野菜の空輸のために農道を滑走路にした大胆プラン

所在地
大分県豊後大野市
開港年
1997年8月
ICAO・IATA
なし
面積
0.12㎢
滑走路
800m×25m

今から約30年前、農林水産省の農道離着陸場整備事業によって「農道空港（農道離着陸場）」という小型飛行機用の飛行場設置が計画された。もともとあった農道を広げて滑走路にし、農産物を都会に直接空輸しようというわけだ。1991（平成3）年に、岡山県に初めて建設されたのち、1998（平成10）年までに全国8カ所に誕生した。

ところが、運用を始めてみると、当初の目的である「付加価値の高いブランド野菜を大都市に迅速に運ぶ」のが厳しいと判明。都市部にある空港の発着枠の空きの少なさや、有視界飛行方式のため、夜間は離着陸不可といった航空機特有の問題のほか、高速道路の整備が進んでトラック輸送が増加したことなど、理由は様々だった。結局、1997（平成9）年以降、農道空港が新設されることはなくなり、すでに設置された空港はスカイスポーツや地域のイベント会場としての活用等、独自の生き残り策を模索することになった。

地元食材の空輸は年に3回行われる

今でも農産物の空輸を続けるワケ

　大分県央飛行場は1992（平成4）年、岡山に次いで2番目の農道空港として開業した。当時の名称は豊肥《ほうひ》地区農道離着陸場だったが、1997（平成9）年、人員輸送が可能な「その他の空港」に格上げされたタイミングで改称。2019（令和元）年度の年間離着陸回数は約1400回。現在は、大分県防災航空隊の防災ヘリコプターの訓練や消火・救難活動や、九州航空株式会社の航空測量や写真撮影、遊覧飛行の基地として活用されている。

　しかし、幅広い用途で使えるようになった今でも、農産物の空輸は継続している。大分が誇る旬の味覚を、都会の人たちにも味わってもらいたいからだ。9月、11月、1月の年に3回、県内でも主要産地である竹田市のカボスや豊後《ぶんご》大野市産の高糖度サツマイモ「甘太《かんた》くん」などを東京・銀座にあるレストラン主体の公式アンテナショップ「坐来《ざらい》大分」宛に輸送している。送られた名産品はスペシャルメニューとして提供されるほか、料理人を対象としたイベントで使用される機会もある。

飛行当日は、朝、豊肥地区フライト農産物集出荷促進協議会が農協等から農産物を調達するところから始まる。フライトの1時間前までには大分県央飛行場に搬入し、このあとは空輸を担当する九州航空に一任。駐機場に停まっている、この会社所有の人員輸送用セスナまでスタッフが農産物を運び、積載。重量制限で100kgまでと決められているため、1回に運べるのは段ボール10箱程度だ。

この飛行場には管制塔がないため、フライトサービスが提供する気象情報や航空交通情報をもとにパイロットが離陸するタイミングを判断し、大分空港に向けてテイクオフ。25分で到着するので、あっという間だ。大分空港からは、その日の最終便で羽田空港へ。そして翌朝に「坐来大分」に届けられる。農道空港の当初の目的通りに、現在でも農産物の空輸を続けているのは飛騨エアパーク（岐阜県高山市）とこの大分県央飛行場だけ。運用面は大きく変化した点も多いが、当時も今も、新鮮な郷土の味を届けたい思いは同じだ。

第5章

ローカル空港——サービスの謎

福島空港

3分どころか3時間いても飽きない!? ウルトラマンづくしのエンタメ空港

福島県の空の玄関口、福島空港は夢や希望が詰まった空港だ。ウルトラマンの生みの親の円谷英二《つぶらやえいじ》氏が福島県須賀川市の出身ということから、空港もウルトラマン一色。また、空港の敷地内にはウルトラマンと同様、太陽エネルギーで活躍するメガソーラーも備えている。

特撮好きなら、1階出発口の「ウルトラヒーローゲート」をくぐった瞬間から、数々の展示に心が躍るはずだ。ゲートを左手に進むとバルタン星人と対峙するウルトラマンの姿が目の前に。ハンドルを回せば、両腕をあのポーズに組んだその先から、バルタン星人に向けてスペシウム光線が発射される。さらに、両者の足もとをよく見ると、滑走路の脇に「FUKUSHIMA」の文字。そう、まさにこの福島空港が決戦の舞台となっている、というわけだ。

所在地
福島県玉川村・須賀川市

開港年
1993年3月

ICAO・IATA
RJSF・FKS

面積
1.81㎢

滑走路
2500m×60m

ハンドルを回すと、ウルトラマンがスペシウム光線を発射する（写真：©円谷プロ）

この空港ではいたるところに、ウルトラマンやウルトラ怪獣にまつわる楽しい仕掛けがある。２階に上がると、東北初のウルトラマンオフィシャルショップ「SHOT M78」。その手前にある３mを超えるウルトラマン立像は迫力満点。記念撮影スポットとして、絶対に外せない。

もうひとつ外せないのが、世界で唯一の「ウルトラマンポスト」。赤とシルバーのウルトラカラー。カラータイマーも、正面中央にきちんとある。このポストに投函すれば、須賀川郵便局限定のウルトラマンと、市の花であるボタンがデザインされた風景印が押印される。

福島空港で未来のエネルギーを発電中

空港敷地内には、ウルトラマンと並んでもう1つ、注目したいポイントがある。総出力1・2MWの「福島空港メガソーラー」だ。

福島復興のシンボルともいえるメガソーラー（大規模太陽光発電）は、2014（平成26）年にこの場所に登場した。メガソーラーの装置は国内外のメーカー30社から調達。太陽光発電パネルの設置方式や種類による特性や耐久性などの検証も目的の1つだという。

また、福島空港では産業技術総合研究所・福島再生可能エネルギー研究所と連携した研究も行われている。「地域に適した太陽光発電事業」や、「地盤・気象条件などに合わせた架台・施工方式」、「事業収益を最大化するための保守管理体制」など、そのテーマは多岐にわたっている。実りある成果が得られれば、それを地元事業者に技術移転する計画もある。福島空港は単なる交通機関ではなく、将来の地域の産業発展に貢献するポテンシャルを秘めているのだ。福島県は東日本大震災に伴う原発事故を機に、「2040年までに再生可能エネルギーで県内のエネルギー需要量相当分を生み出す」という目標を掲げている。ウルトラマンのエネルギーが発揮できるのはわずか3分。そのゆかりの地で、未来を担う、持続可能なエネルギーへの取り組みが行われているとは奇妙な縁だ。

大阪国際空港（伊丹空港）

空港施設内でワインを醸造!?
世界初のエアポートワイナリー

所在地
大阪府豊中市・伊丹市
開港年
1939年1月
ICAO・IATA
RJOO・ITM
面積
3.11㎢
滑走路
1828m×45m、3000m×60m

伊丹空港の到着口に立ち、上方を見上げると、ガラス越しに見えるステンレス製の5つのタンク。その正体を探るべく3階に向かうと、そこには……ワインバル？　なんと、先ほどのタンクはワインを醸造するためのもので、ここで醸造したワインがバルで楽しめるという。伊丹空港は、世界初のワイン醸造所がある空港なのだ。

その名も「大阪エアポートワイナリー」。醸造タンクの前はカウンター席になっており、それをすぐそばで眺めながら、おいしいワインと南イタリア料理を中心とした食事を楽しむこともできる。

このカウンター席では空港内で醸造された出来立てワインのほか、日本各地のワイナリーから厳選したワインを樽出しで提供している。ワインが生ビールのようにタップから注がれる様子に心が躍る。ヨーロッパ各地から取り寄せたワインも、常時30種類以上を用意。小さなバルながらソムリエも常駐しているので、ワイン選びに迷ったら相談できるのもうれしいポイントだ。

立地を活かしてオンリーワンに磨きをかける

ワイン造りに欠かせないものといえば「ぶどう」。このワイナリーでは山梨県や山形県、北海道など日本各地で収穫されたぶどうを、季節ごとに入荷している。醸造が完了するまでに必要な期間は3～4カ月程度だという。

出来立てのワインは、軽くてさらっとした口当たりで、ワインが苦手な人にも飲みやすい。同じぶどうでも、ろ過の方法によって味わいが異なるが、ここではその飲み比べもできるようになっている。特にコンコードという品種で造られた赤ワインは、旨味を引き出す「粗ろ過」で仕上げたクリアな味わいで人気だ。

現在は陸送での入荷が行われているが、空港内という立地を活かして、今後はぶどうの空輸も行う予定があるという。北海道の朝採れぶどうをその日のうちに醸造する「空飛ぶぶどう」で醸したワインがお目見えする日も近いかもしれない。

ワインだけでなく、食事のメニューも充実している。素材は空港から50マイル（約80㎞）

5つのステンレスタンクはオーダーメイド（写真：関西エアポート株式会社）

以内の地産地消の食材を中心にしたパスタや肉料理を提供。牛肉は兵庫県産の播磨牛、鶏肉は兵庫県産の但馬鶏、デザートのクレーマコッタには淡路島牛乳を使用している。

樽出しワインを少量ずつと、こだわりのおつまみを3種類ずつ一緒に楽しめるマリアージュセットがおすすめだ。ワイン以外の飲み物やノンアルコールドリンクも用意され、子ども連れでも食事をゆっくり楽しめる。

お店はイートインだけでなくワインの販売も行っており、ここでしか手に入らないオリジナルワインをお土産に購入することも可能。こちらのワイナリーで醸造されたボトルは本数が限られており入手困難だが、まるで航空チケットのようなデザインのラベルになって

バルでは樽出しワインの飲み比べができる

おり、航空ファンにはたまらない。

また、2021（令和3）年にはソムリエ資格の取得へ向けた講座の開催が計画されている。座学だけではなく、実際に醸造の現場を見て、体験しながら学ぶことができるのが最大の魅力だ。ほかにも、食事とのマリアージュを楽しむワイン会イベントの予定も。より多くの人にワインを楽しんでもらうための機会が多く用意されている。

飛行機の待ち時間に、日中から軽く1杯と軽食を楽しむもよし、休みの日にゆっくり腰を落ち着けてワインとお料理を堪能するのもよし。世界で1つだけのエアポートワイナリーは、飛行機に乗る用事がなくても足を運びたくなる場所だ。

但馬空港

定期便が少ないことを逆手に空き時間はイベントで有効活用

所在地
兵庫県豊岡市
開港年
1994年5月
ICAO・IATA
RJBT・TJH
面積
0.38㎢
滑走路
1200m×30m

但馬《たじま》空港には、但馬～大阪（伊丹）区間の1日2往復しか便がない。但馬発は約40分、伊丹発は約35分で到着。これは離島便を除けば全国で最短のルートだ。日本航空、日本エアコミューターが就航しているが、定員も最大で48名と少ない。

10時に伊丹行きの飛行機が出発してから、17時30分に伊丹からの飛行機が到着するまでの7時間半、発着がない。この時間を有効活用するべく、空港を運営する但馬空港ターミナル株式会社では、オリジナティあふれるイベントを次々と企画した。

もはや空港というよりテーマパーク!?

２０１６（平成28）年11月から、夏と冬の期間限定で始めた個人向けツアーは、名づけて「但馬空港まるごと見せちゃいますツアー」。１便目の離陸を滑走路横から見学できるほか、対空通信室や格納庫など、通常は立ち入り禁止のエリアを案内してもらえるという、航空マニアには垂涎《すいぜん》ものの内容だ。1日1組限定で、空港職員のガイドつき。2時間ほどのツアーだ。さらにオプションで、溶岩で焼いたステーキのランチを追加することも可能。普段は見ることのできない空港の裏側をひと目見ようと、遠方からも参加する家族連れやリピーターが集まる。

ほかにも、イベントが豊富に用意されている。夏には空港内の緑地がキャンプサイトに早変わり。飛行機を眺めながら、テントを張ってバーベキューを楽しむという、なんともユニークな体験ができる。街の灯りの影響を受けないため、晴れて空気が澄んだ日の夜には、頭上に満点の星が降り注ぐ。そのため天体望遠鏡を用いて、星空観察会なども行われている。

初秋に行われるのが早朝マラソン大会だ。ベビーカーの0歳児から80歳のシニアの方まで幅広い年齢層のランナーが集まり、空港の滑走路を駆け抜ける。普段は航空機を誘導するための滑走路上の灯火も点灯されるという心憎い演出もあり、盛り上がりは必至だ。当然ながら、定刻になれば飛行機が離着陸するため、大会の終了時間は厳守。時間内に完走できない場合には、車で迎えに来てくれるのだとか。また、保安上、滑走路上への落とし物

「まるごと見せちゃいますツアー」では滑走路で記念撮影も可能

大迫力の離陸シーンを目の前で楽しめる

には細心の注意が払われる。参加する際の注意事項には、ヘアピン1本を落とすのもNGだと明記されている。

まさかの空港スカイダイビング！

また、あまり知られていないが、ここ但馬空港はスカイダイビング愛好家にとって貴重な拠点でもある。空港内にスカイダイビングクラブがあり、西日本で唯一スカイダイビングができるスポットなのだ。

年間200日以上、多い日は1日で10回以上スカイダイビングが実施されているが、それも定期便が少ない空港ならでは。上空3500mから、日本海を一望することができる。スカイダイビングはちょっと勇気がない……という人には、年1回の開催だが、セスナ機の体験飛行もある。

こうした魅力的なイベントがあれば、空港に来ること自体が旅の目的にもなり得る。地道な取り組みが功を奏してか、但馬空港の定期便利用者はおおむね増加傾向だという。今後、さらなる利用者の増加が期待されている、1日2往復ではなくなる日も近いかもしれない。そうなると個性的なイベントの行く末が気になるところだ。

石見空港
アイデア勝負で養蜂にマラソン　僻地でも日本の最優秀空港

島根県・石見《いわみ》空港は季節運航を除くと東京・羽田空港との1路線しか就航しておらず、その路線も1日2往復のみ。乗降客数も、2018（平成30）年度のデータで約15万人と少ない。しかし、2014（平成26）年度の乗降客数を見ると約11万人で、実は、毎年少しずつだが増えている。決して利用客が多いとはいえないが、「徐々に盛り上がってきている空港」だといえるだろう。

石見空港には「名産品」がある。意外すぎる取り合わせだが、それはハチミツだ。空港の敷地内で、「萩・石見空港ミツバチプロジェクト」と銘うって、なんと養蜂事業を行っている。空港内東側の使われていなかった土地2カ所に養蜂箱を設置し、何十万匹ものミツバチを飼育している。これは日本の空港ではもちろん初の試みだが、ヨーロッパでは空港での養蜂が広がりを見せている。特に養蜂が盛んなドイツのドルトムント、デュッセルドルフ

所在地
島根県益田市

開港年
1993年7月

ICAO・IATA
RJOW・IWJ

面積
1.11㎢

滑走路
2000m×45m

ルフ、ミュンヘン空港などで養蜂事業が行われており、石見空港はこれに着想を得た形だ。

ミツバチの活動範囲は半径数㎞におよび、もしその範囲に農薬を使用している農家があると汚染され死んでしまう。広大な未利用地があり、周囲に住宅も少ない石見空港は、まさに養蜂に適した立地だったのだ。その味は、「日本はちみつマイスター協会」が行っているコンテスト「ハニー・オブ・ザ・イヤー」で、2017(平成29)年に最優秀賞を獲得するほど。ビン入りのもの、スティックタイプのものなどバリエーション豊富で、さらには、ハチミツを使ったラスク、ラングドシャ、マドレーヌなど、関連商品も多数展開している。「空港はちみつ」として、一定の知名度を得つつある。

日本初の滑走路上を走れるマラソン大会をスタート

石見空港を盛り上げているのはハチミツだけではない。恒例となった名物イベントも見逃せないだろう。2008(平成20)年から始まり、毎年10月に行われている「萩・石見空港マラソン」だ。2020(令和2)年には第13回大会が行われるはずだったが、新型コロナウイルスの影響により、初めて中止となってしまった。

2019(令和元)年大会では空港に近い万葉公園から、約2000名のランナーがス

ハーフマラソンと10kmの2種目とも滑走路がコースの一部
（写真：萩・石見空港マラソン全国大会実行委員会）

タート。空港マラソンということで空港の敷地内もコースの一部なのだが、なんと、ランナーたちは、普段は航空機が行き来している滑走路を走ることになるのだ。普段は立ち入れない滑走路がコースに組み込まれており、自分の足で走れるということで、ランナーのみならず航空ファンにも注目されているイベントだ。

長らく、日本で唯一空港の滑走路を走るマラソン大会であり、２０１８（平成30）年に八丈島空港で同じく滑走路を走れることを売りにした「滑走路マラソン大会」が行われたため、「日本唯一」ではなくなったが、先見の明があったのは間違いない。

そんな石見空港に、喜ばしいニュースが

シーズン中は養蜂場「ビーガーデン」で蜂もスタッフも大忙し
(写真：石見空港ターミナルビル株式会社)

あった。2020(令和2)年夏、ANAが毎年行っている「クオリティアワード」で最優秀空港として選ばれたのだ。同賞は「安全性」「定時性」「快適利便性」の3つの部門で競い、総合評価が高い空港が受賞するもの。国内空港の中でも屈指の安全性、定時性があるとされたほか、旅客の案内やセキュリティチェックの効率など、スタッフ一同が一丸となって取り組んでいる点が評価された。実はこれが2回目の受賞。最下位になったこともあったが、大逆転を遂げた。

空港が建つ益田市は、柴犬のルーツである石州犬誕生の地でもある。現在密かに、柴犬にまつわる企画を思案中とのこと。いったいどんなアイデアが飛び出すのか楽しみだ。

大館能代空港

〝推しワン〟目当ての搭乗客も！ 8のつく日は秋田犬がお出迎え

所在地	秋田県北秋田市
開港年	1998年7月
ICAO・IATA	RJSR・ONJ
面積	1.21㎢
滑走路	2000m×45m

空港そのものが道の駅を兼ねている大館能代《おおだてのしろ》空港は、広々とした無料駐車場や24時間利用可能なトイレなど、空港利用者のみならず、ドライバーにも使いやすいと評判だ。しかし、この空港のウリはそれだけではない。毎月8のつく日（8、18、28日）には、秋田犬《あきたいぬ》が出迎えてくれるのだ。

秋田犬とは、奥羽山脈一帯で猟師のパートナーとして活躍していた大型犬で、国の天然記念物に指定されている。温厚でおとなしく、強い忠誠心を持つ秋田犬が一躍有名になったのは、1932（昭和7）年の新聞記事。すでにこの世を去った飼い主の帰りを、渋谷駅でおよそ10年間も待ち続けた「忠犬ハチ公」のストーリーが掲載されると、あっという間に世間に知れ渡った。その後、この実話は国内外でも映画化されるなど、今や世界中から秋田犬に熱い視線が注がれている。

そこに目をつけたのが、秋田県の北部に位置する、大館市の大館能代空港利用促進協議会。同市は忠犬ハチ公の生まれ故郷で、秋田犬をフィーチャーした誘客事業に取り組んでいる。せっかく空の玄関口があるのだから、飛行機の利用客にもPRできる企画はないだろうか……。そう考えた末にひらめいたのが、「忠犬ハチ公」にちなんだお出迎えプランだった。ただ、毎日の開催となると犬にも飼い主にも負担になるため、「ハチ」の名にちなんで8のつく日に限定することに決定。秋田犬保存会に依頼して、毎回、秋田犬を連れて来てもらうようになった。

もふもふの秋田犬が到着口で静かに待機

2016(平成28)年6月から、羽田空港からの午前便の到着に合わせて、秋田犬によるお出迎えが始まった。当初は、何も知らずに降り立ち、かわいいお出迎えに驚喜する人が続出していたが、開始から4年経った今では認知度が上がり、このイベントを目当てに飛行機に乗って会いに来る人もいるのだとか。若い女性であったり、タイからの観光客だったり、年齢層も国籍も様々。ときには〝推しワン〟が待っているかどうか、問い合わせをする熱心なファンもいるというのだから驚きだ。2020(令和2)年現在は、オスとメ

リムジンバスの中から秋田犬がじっとこちらを見ている……と思いきや写真

帰省時期はお出迎えも大忙しだ

管制塔をバックに記念撮影するもよし

スの2頭がお出迎えすることが多い。

待ち受けているのは、〝生〟の秋田犬だけではない。空港と大館市内を結ぶリムジンバスも要チェック。車体に9頭の秋田犬の写真をラッピングしたバスが運行中だ。さらに、2019（令和元）年5月には、JR大館駅前に「秋田犬の里」がオープン。秋田犬の歴史や特徴について知ることができるミュージアムのほか、元気いっぱいに動く秋田犬をガラス越しに見学できる展示室が用意されていて、秋田犬ファンにはたまらない施設になっている。

最後に、犬にまつわるトリビアを。大館能代空港は2017（平成29）年、全国に先駆けて犬専用トイレの供用を開始している。大館市周辺は秋田犬に限らず、ドッグブリーダーが多いエリア。犬を空輸する機会が多いことから、搭乗前後にトイレを利用したいとの要望があり、設置を決めたそうだ。

大分空港

海上空港へは水陸両用の夢の乗り物でホーバークラフトが10数年ぶりに復活!?

所在地
大分県国東市
開港年
1971年10月
ICAO・IATA
RJFO・OIT
面積
1.48㎢
滑走路
3000m×45m

大分県北東部の国東《くにさき》半島の東端に位置する大分空港は、海岸を埋め立てて造成されたため、三方が海に囲まれている。旧空港は、もともと別府湾の対岸の大分市内にあったのだが、市街地に近いことから拡張工事が難しく、1971（昭和46）年、現在の場所に移された。空港から大分市内へ出るには、別府湾に沿って大きく迂回《うかい》する必要があるが、当時はまだ市道のほとんどが未舗装。車での通行に不便をきたしていた。もし、別府湾を突っ切って移動することができれば、もっと早く市街地にたどり着ける――。そこで、開港と同時に導入されたのがホーバークラフト（ホバークラフト）だった。

別府湾のほぼ対岸にある空港と市街地を結ぶ

ホーバークラフトは、地面に向けて高圧の空気を噴出し、少し宙に浮いた状態で滑るように走る乗り物のこと。凹凸がなければ、地上でも水上でも走行が可能だ。

大分空港では、水面を駆け抜けたあと、そのまま上陸してホーバー乗り場まで向かい、その後、バスで空港ターミナルに連絡していた。1990（平成2）年、年間の利用者数が約44万人とピークに達する。そこで1991（平成3）年には、空港の敷地内に専用の航走路を敷設し、空港ターミナルビル近くまで乗り入れる工事が完了。航走路途中のS字カーブをドリフト（横滑り）走行する珍しい光景が話題になった。

空港と市内を約25分で結ぶ水陸両用の夢のような乗り物は好評を博した。当時、国内唯一のホーバークラフトによる定期航路ということもあって、搭乗客だけでなく、見学客や送迎客も喜んで利用したという。

しかし、少しずつホーバークラフトの優位性が薄れてゆく。大分空港の利用者数は、1997（平成9）年度に、過去最多となる207万人を記録して順調そのものだったが、大分空港道路の開通や延伸、そして大分自動車道の開通など、陸上交通が格段に発達。開業当初と比べ、渋滞に悩まされることが減った。また、ホーバークラフトの片道運賃が2980円（廃止時点）と、高速バスの2倍近い価格だったのもネックに。景気後退の影響もあり、ピーク時から20年弱で、利用者数は半分近くまで落ち込んだ。燃油価格が高騰

し、エンジン等の部品調達も困難になり、２００９（平成21）年10月、ついに38年の歴史に幕を下ろした。

観光資源としても魅力的

ところが、ここにきてホーバークラフトを復活させる計画が浮上している。大分空港の利用者数は、２０１８（平成30）年度で再び２００万人台に。今後は、ＬＣＣのシェア拡大やインバウンド需要に伴い、さらなる増加が見込まれている。そこで、バスの所要時間が他空港と比べて著しく長いことに対して、何か手を打つ必要があると考えた大分県では、２０１８（平成30）年度から、空港アクセス改善について調査を

日本製鉄のシーバース横を疾走するドリームエメラルド号（写真：ホーバー継承の会）

開始。ホーバークラフト復活案と、異なる区間で運航する高速船2案の、計3案の比較・検討に入った。

その結果、空港周辺の固い岩盤に覆われた地質でも発着場の整備が可能なこと、ホーバークラフト航路の既存施設を活用できるため、初期投資を大きく節約できること、所要時間が約15分短いことなども含めて、ホーバークラフト導入が妥当との結論に達した。

また、国内唯一のホーバークラフト航路だけに、観光の目玉になることも期待されている。2020（令和2）年3月時点で、開業時期は確定してはいないが、2023（令和5）年度中の運航再開を目指して着々と準備を進めているという。

庄内空港・山形空港

山形県の空港にあるふたつの「おいしい空港」の実態やいかに

【庄内空港】

所在地	山形県酒田市・鶴岡市
開港年	1991年10月
ICAO・IATA	RJSY・SYO
面積	1.07㎢
滑走路	2000m×45m

【山形空港】

所在地	山形県東根市
開港年	1964年6月
ICAO・IATA	RJSC・GAJ
面積	0.91㎢
滑走路	2000m×45m

2014（平成26）年、山形県の2空港の愛称が決定した。その名も「おいしい山形空港」と「おいしい庄内空港」だ。空港1つにつき1つではなく、なぜかどちらも同じ愛称。全国でもこの2空港だけが、愛称を共有している。

山形県といえば、さくらんぼや米沢牛、ブランド米・つや姫に日本酒など、おいしいものがたくさんあるイメージ。さて、「おいしい空港」には、いったいどんなおいしいものがあるのだろう。

山形の多種多彩な酒が空港で味わえる

「おいしい山形空港」で存在感を放つのは、郷土料理・芋煮や、予約限定だが山形牛のステーキなどを提供するレストラン。こちらの魅力はなんといっても、お酒の種類が豊富なこと。名峰の湧水で仕込まれた地ビールや、大正時代から続くワイナリーの県産ワイン、しっかり米の旨みが感じられる日本酒など、山形のお酒が豊富に揃う。特に日本酒は個性豊かな銘酒がそろう山形県だが、こちらでは空港に近い酒造を中心にセレクトしている。

残念ながら、2020（令和2）年9月現在は臨時休業中。「おいしい山形空港」の顔として、1日も早い営業再開が待たれる。

おいしいブランド豚は飼料もおいしかった！

庄内空港で味わうべきは、ずばりトンカツだ。山形県は平田町（現酒田市《さかたし》）の小さな養豚場から、今や都内にも店舗を構えるまでに成長した、「平田牧場」直営のレストランがある。平田牧場は、創業1964（昭和39）年。酒田市に本社を置き、豚肉の生産から加工・販売までを自社で行っている企業だ。

看板メニューは、平田牧場が育てるブランド豚「金華豚」や「三元豚《さんげんとん》」のロースかつ膳。平田牧場が10年以上かけてたどり着いた、自慢のブランド豚だ。特に、金華豚は、国内では平田牧場を含め2カ所でしか育てられていない希少な品種。それが空港で味わえるとあって、お昼時は特ににぎわう。おいしさの秘密は、豚が食べている飼料にある。どちらの豚

平田牧場の代名詞ともいえる三元豚のロースかつ膳

も、お米を食べて育っているのだ。

　平田牧場では、休耕田となっている庄内地域の水田を利用して、豚の飼料用米を栽培している。豊かな大地と水に恵まれた庄内地域の米といえば、ふっくらとした炊き上がりで粘りが強く、良質米として名高い。そんなお米を食べて育っているため、平田牧場の豚肉は、脂身の甘みと旨みが強い。さらには脂の酸化を抑制する効果もあるのだという。

　ちなみに、とんかつソースにもこだわりあり。平田牧場の豚肉に合うソースを探し続けた結果、オリジナルで作ってしまった。甘いりんごソースと、辛いにんにくソースの2種類から選ぶことができる。なんと、ポークコラーゲン入りだ。

高松空港・松山空港

蛇口をひねれば名物がドバーッ！うどんダシ&みかんジュース

【高松空港】

所在地	香川県高松市・綾川町
開港年	1989年12月
ICAO・IATA	RJOT・TAK
面積	1.54㎢
滑走路	2500m×60m

【松山空港】

所在地	愛媛県松山市
開港年	1958年2月
ICAO・IATA	RJOM・MYJ
面積	1.35㎢
滑走路	2500m×45m

「香川県は『うどん県』に改名しました」と特設サイト上で高らかに謳い上げるなど、特産品の讃岐うどんを強く推している香川県。その空の玄関口となるのが高松空港だ。空港の2階にある県内17市町の観光特産品ＰＲコーナー、「空の駅かがわ」の一角には、うどんダシが出る蛇口が設置されている。いりこをベースに、かつおや昆布をブレンドした温かいダシは、無料で試飲ＯＫ。このダシを提供しているのは、農林水産大臣賞をはじめ、数々の受賞歴を誇る名店「さぬき麺業」。同じフロアに実店舗も構えている。試飲用のダシは毎日約２００人分を用意していて、できるだけたくさんの人に味わってもらいたいと空港では思っているが、ゴールデンウィークや夏休みなど、連休の際には午前のうちになくなってしまうのだとか。

そこで、高松空港では２０１９（令和元）年8月に、２カ所目のうどんダシスポットを

四国空市場前には座り心地までうどんのようなソファーも!

新設。四国4県の〝いいもの〟を集めたセレクトショップ「四国空市場（YOSORA）」の店舗脇にあり、ここではひやかけうどん用の冷たいダシが楽しめる。ダシを提供する店は複数あるが、そのひとつがぶっかけうどん発祥の店として有名な「うどん本陣　山田家」。空港内に店舗はないが、四国空市場で持ち帰り用のうどんを販売している。蛇口のうどんダシを飲んだあとに購入する人が多く、売り上げアップにつながっているんだとか。

夜間でも品切れにならないよう、少し多めの1日約650人分を用意している。飲み比べをするのは大歓迎だが、マイどんぶりにうどん麺を入れて持ち込むのは、いずれのダシスポットもNGなので、くれぐれも注意しよう。ただし2020（令和2）年9月現在は、うどんダシ蛇口スポットは両方とも休止している。

みかんジュース蛇口は都市伝説ではなかった

四国にはもう1カ所、魅惑の蛇口が設置されている空港がある。四国随一の規模と利用者数を誇る愛媛県の松山空港だ。日本有数のみかん産地である愛媛には、昔から「愛媛の家庭では蛇口をひねるとポンジュースが出る」という都市伝説があった。それを現実のものにしてしまったのがポンジュースの製造元、株式会社えひめ飲料。2007（平成19）年から毎月1回、松山空港にて蛇口からポンジュースを注いで、無料試飲できるイベントを開催していた。これが大変好評で、2017（平成29）年からは常設を決定。

現在は、えひめ飲料ではなく柑橘農家運営の企業が請け負っており、1階到着ロビー西側にある「Orange BAR」で、1杯350円で販売している。お金を払ってカップをもらい、店舗端の蛇口をひねって自分で注ぐシステムだ。

こちらのみかんジュースに主に使われているのは温州《うんしゅう》みかん、不知火《しらぬい》、伊予柑《いよかん》の3種。季節によってブレンドを変えており、夏は伊予柑が、冬は温州みかんがたっぷり入っている。その柑橘が一番おいしい状態のときの味をギュッと閉じ込めるべく、搾汁の時期にもこだわりがある。例えば、伊予柑は2月に搾汁したものが、味のバランスが良くて最適なのだとか。同様に、温州みかんは12月、不知火は4月に搾汁して、1年分のジュースを冷凍してストックしている。同店舗では、ほかにも伊予柑のソフトクリームや、不定期でみかんおにぎりも販売。12～5月には、生果を購入することも可能だ。

あふれない程度なら好きなだけ注いでOK

松山空港にはほかにも、みかんを大々的にフィーチャーしたものがあちこちにある。みかんジュースタワーのオブジェや、みかんがたわわに実った絵柄の巨大ステンドグラスなど、見ているだけでビタミンCが摂取できそうな錯覚さえ覚える。みかんを食してみかんを愛でる、みかんづくしの空港だ。

南大東空港・旧南大東空港

新旧空港協力の島土産
ラム酒工場はターミナルビル

太平洋にぽつんと浮かぶ断崖絶壁の島にあるのが、南大東《みなみだいとう》空港だ。ここ、南大東島はサトウキビ栽培が盛ん。島のサトウキビ畑は、耕地面積の9割を占めるという。南大東空港の売店に並んでいるのも、黒糖やかりんとう、大東ようかんといった甘いお土産だ。サトウキビを原料として造られる、地酒ならぬ地ラム酒もある。

南大東空港は1997（平成9）年に建設された空港で、比較的新しい。しかし、それまでこの島に空港がなかったわけではない。実はこの島にとって南大東空港は、「ふたつめ」の空港なのだ。

現空港が建設されるまで活躍したかつての空港は、今もその一部が島の中央に静かにたたずんでいる。旧南大東空港である。1934（昭和9）年に海軍飛行場として建設され、1974（昭和49）年からは、南大東空港として滑走路800mで供用開始。1997（平

【南大東空港】

所在地
沖縄県南大東村

開港年
1997年3月

ICAO・IATA　面積
ROMD・MMD　0.36㎢

滑走路
1500m×45m

【旧南大東空港】

所在地
沖縄県南大東村

開港年
1974年12月

ICAO・IATA　面積
なし・なし　0.13㎢

滑走路
800m×25m

（写真：国土地理院［2012年撮影］）

成9）年まで空の玄関口だったが、現空港への移転が決まり、廃港となった。

その後は取り壊されることなく、建設会社の資材置場として静かな余生を送っていたが、まさかラム酒の工場として第二の人生を送ることになるとは誰も思わなかっただろう。

かつての空港に新たな息を吹き込んだのは沖縄出身の金城《きんじょう》祐子《ゆうこ》さん。那覇のショットバーで、ラムの裏ラベルに「サトウキビから造られた甘いお酒」と書いてあるのを目にして、「沖縄でもラムが造れるかも」とひらめいた。その頃、勤務先の沖縄電力で社内ベンチャーのアイデアを募集していたため、試しに企画書を提出することに。

廃空港が別の用途に生まれ変わった瞬間

企画はとんとん拍子に進み、見事、審査を通過。開業に向けて本格的に動くことになった。とにもかくにも、工場を建てなければ始まらない。ベンチャー企業で資金もないからプレハブでいいだろうと、島の商工会の担当者に会って、その旨を伝えたところ……。「プレハブなんかじゃ、台風が来たら一発で終わり」と一蹴。確かに、南大東島は〝台風銀座〟の異名を取り、しょっちゅう台風の影響を受ける。だから、この島では建物を建てるなら鉄筋コンクリート造りが常識だというが、輸送費の都合でセメントの価格は沖縄の4倍。かなり割高になってしまう。

途方に暮れた金城さんは、懇意にしてもらっている村役場の産業課長に相談した。そして、まさかの言葉に目を丸くする。「昔の空港はどうだ？　空港だから建物も頑丈だろう」

こうして、旧南大東空港の跡地を借りることが決定。しかも、無償での貸与だった。

2004（平成16）年3月、金城さんは株式会社グレイス・ラムを設立。昭和40年代に建てられた空港ターミナルビルは、ラム酒工場として新たな役目を果たすことになった。チェックインカウンターのあった場所は事務所兼販売所に、かつての待合室は瓶詰めやラベル貼りの作業スペースに変貌を遂げる。ただ、工場の要であるタンクは背が高くて、ター

かつての滑走路上に増設した蒸留所。ラム酒は2種ありいずれも無添加無着色（写真：株式会社グレイス・ラム）

ミナルビルの中に入りそうにないことが判明した。そこで、待合室の裏の滑走路上に、タンク用の建屋を新設。そして、瓶詰め作業の場所と行き来できるよう、ターミナルビルの壁を一部壊して、2つの建物をつなげた。

　事務所の中には「南西航空」や「琉球エアコミューター」のロゴ、座席表、「ハイジャックに注意」といった案内板が残されている。実は、これらはあとから金城さんが飾ったもの。借り受けたときにはすべて外されて部屋の隅に置かれていたそうだが、多くの島民が行き交ったシンボルとしてこれはそのまま残したいと強く感じたのだという。そしていま南大東空港には、旧空港で造った金城さんのラム酒が並んでいる。

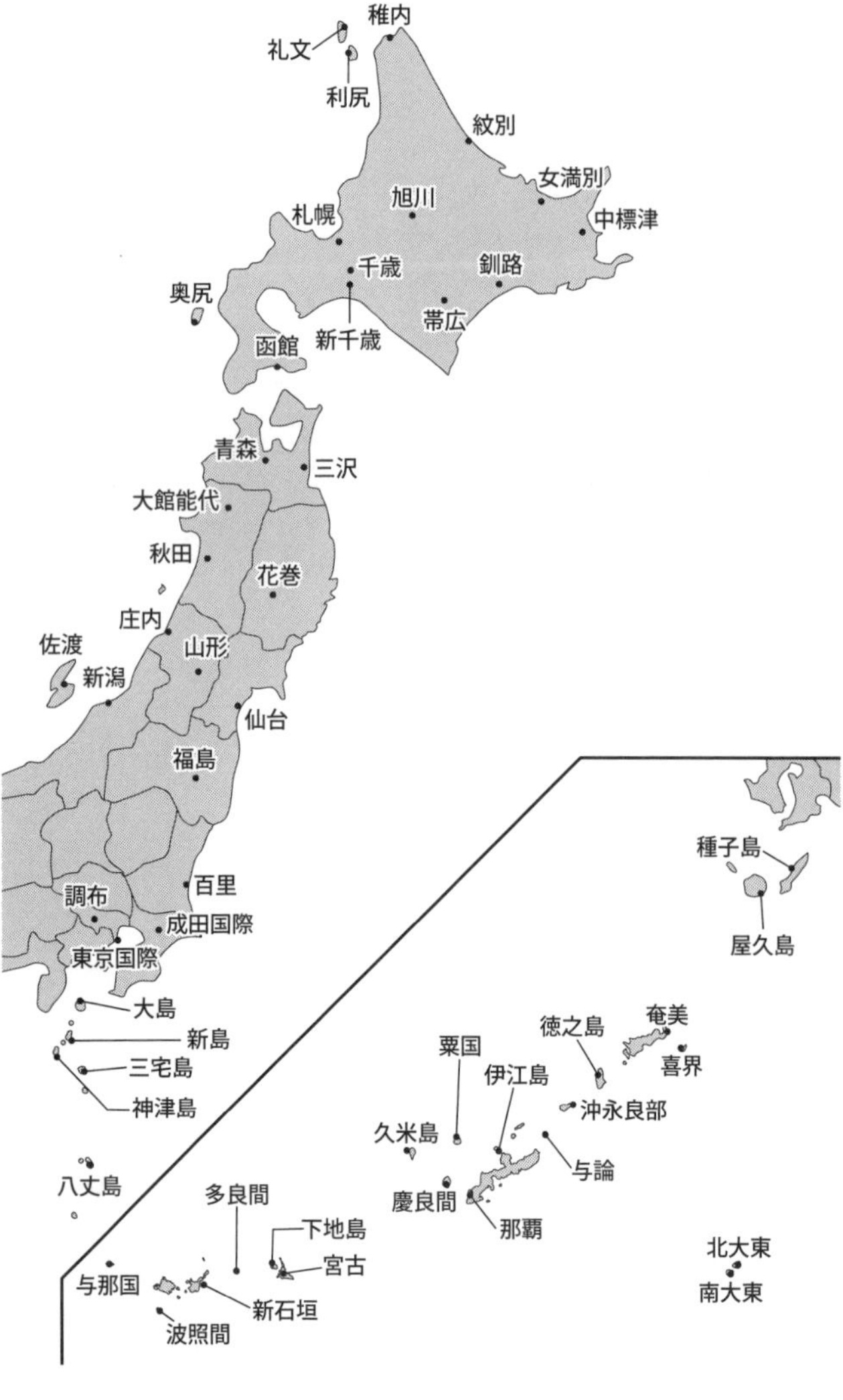
稚内
礼文
利尻
紋別
女満別
旭川
札幌
中標津
千歳
釧路
奥尻
帯広
新千歳
函館
青森
三沢
大館能代
秋田
花巻
庄内
佐渡
山形
新潟
仙台
福島
百里
調布
成田国際
東京国際
大島
新島
三宅島
神津島
八丈島
種子島
屋久島
徳之島
奄美
喜界
粟国
伊江島
沖永良部
久米島
与論
慶良間
那覇
多良間
下地島
宮古
北大東
南大東
与那国
新石垣
波照間

全国空港分布マップ

※2020（令和2）年4月1日現在

※非公共用飛行場、公共用ヘリポートは除く

※礼文空港は、2009（平成21）年4月9日～2021（令和3）年3月31日まで供用を休止

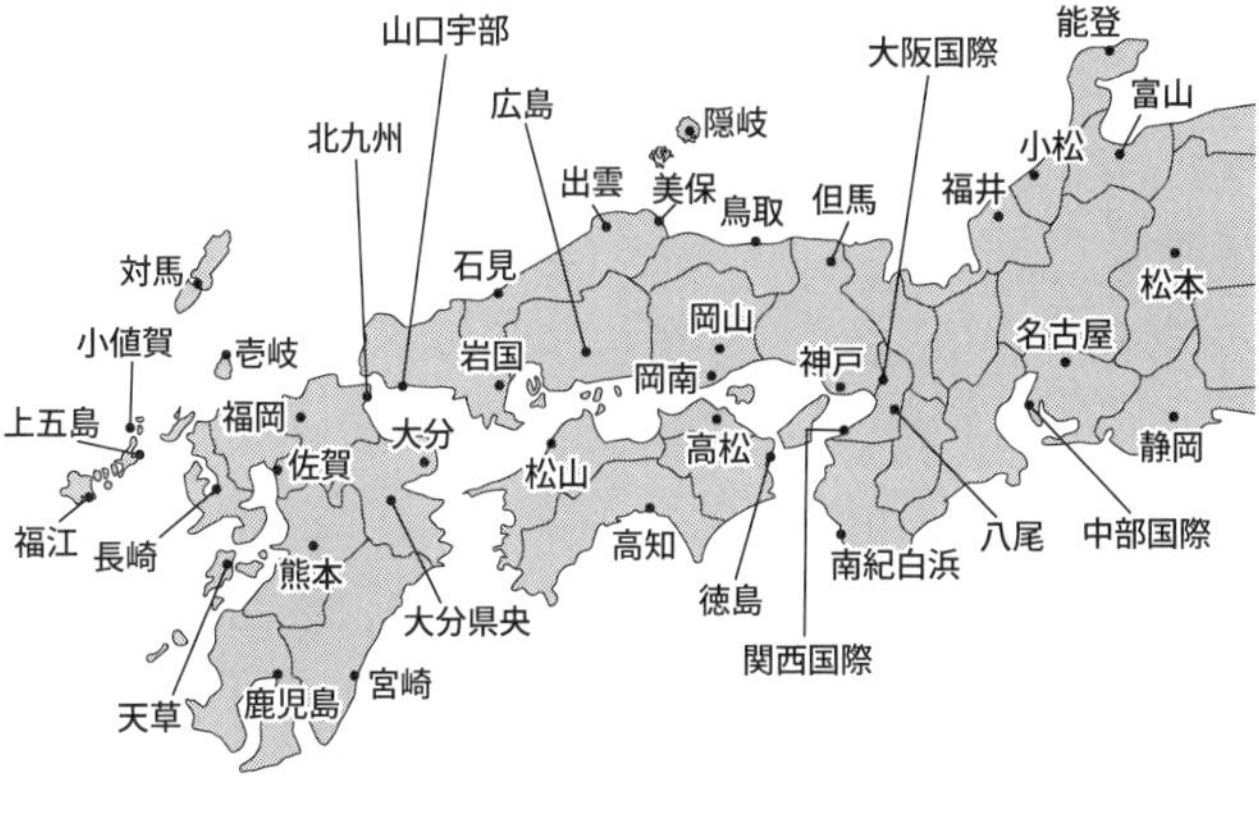

参考文献

『空港のはなし（改訂版）』岩見宣治・渡邉正巳（成山堂書店）
『日本の空のパイオニアたち　明治・大正18年間の航空開拓史』荒山彰久（早稲田大学出版部）
『多摩地区の軍事化と調布飛行場の歴史（改訂版）』山本 豊
『日本のエアポート01 羽田空港』（イカロス出版）
『日本のエアポート02 成田空港』（イカロス出版）
『日本のエアポート03 関西3空港』（イカロス出版）
『日本のエアポート05 九州の空港』（イカロス出版）
『空港をゆく』（イカロス出版）
『空港をゆく2』（イカロス出版）
『空港をゆく改訂版』（イカロス出版）
『航空管制官になる本 2013-2014』（イカロス出版）
『全国空港ウォッチングガイド』（イカロス出版）
『東京国際空港』（イカロス出版）
『SHIMADAS』（日本離島センター）
『前略 雲の上より①～⑦』竹本 真・猪乙くろ（講談社）
『pen 2019年7月15日号』（CCCメディアハウス）
『空港&飛行場の不思議と謎』風来堂（実業之日本社）

参考webサイト

「流氷観測のために作られた女満別空港」饒村 曜　https://news.yahoo.co.jp/byline/nyomurayo/20160222-00054643/
「下地島空港タッチアンドゴー1990's」5NETWORK東京支局　http://shimojishima.com/news/23_12_2018.html
「下地島空港の沿革」沖縄県ホームページ　https://www.pref.okinawa.jp/site/doboku/kuko-shimoji/26224.html

イースト新書Q

Q068

四大空港《よんだいくうこう》&ローカル空港《くうこう》の謎《なぞ》

思《おも》わず行《い》ってみたくなる「全国《ぜんこく》の空港《くうこう》」大全《たいぜん》

風来堂《ふうらいどう》

2020年11月20日　初版第1刷発行

DTP　小林寛子
編集　岡田宇史
発行人　北畠夏影
発行所　株式会社イースト・プレス
東京都千代田区神田神保町2-4-7
久月神田ビル　〒101-0051
tel.03-5213-4700　fax.03-5213-4701
https://www.eastpress.co.jp/
ブックデザイン　福田和雄（FUKUDA DESIGN）
印刷所　中央精版印刷株式会社

ISBN978-4-7816-8068-2